BERESAN
LI OTOK
ORNAT
Schwarzes Meer
SWETI IWAN
PALAGRUŽA
Adriatisches Meer
İMRALI
AGIOS EFSTRATIOS
KYRA PANAGIA
ANAREA
MEGANISI
ITHAKI
Ägäisches Meer
AGHATONISI
Ionisches Meer
KYTHNOS
KALYMNOS
MILOS
ALIMIA
KYTHIRA
T T E L M E E R
ARWĀD
GAVDOS
Libysches Meer
Kretisches Meer
Levantisches Meer
NELSON-INSEL
Rotes Meer

Simone Perotti

ATLAS DER MITTELMEERINSELN

Simone Perotti

ATLAS DER MITTELMEER-INSELN

Mit 42 Seekarten von Marco Zung
Aus dem Italienischen von Julika Brandestini

Büchergilde Gutenberg

Für Mama

Inhaltsverzeichnis

»Jachin-boaz handelte mit Landkarten. Er kaufte und verkaufte Landkarten und Pläne, und einige von besonderer Art und für spezielle Zwecke machte er selbst oder ließ sie von anderen für sich anfertigen. (...) Stadtpläne und Landkarten verkaufte er sowie andere Karten, die nach Auftrag angefertigt wurden. Einem jungen Mann würde er beispielsweise eine Karte verkaufen, die ihm zeigte, wo ein bestimmtes Mädchen zu verschiedenen Tageszeiten anzutreffen sein würde. Er verkaufte Karten für Ehemänner und Karten für Ehefrauen. An Poeten verkaufte er Karten, auf denen die Orte eingezeichnet waren, wo anderen Dichtern kraftvolle und klare Gedanken gekommen waren. Er verkaufte Karten zum Graben von Brunnen. An heilige Männer verkaufte er Karten für Visionen und Wunder, an Ärzte Krankheits- und Unfallkarten, Geld- und Juwelenkarten an Diebe und Diebeskarten an die Polizei.«

Russell Hoban, Der Kartenmacher

Einleitung

»If you could say it in words there would be no reason to paint.«
Edward Hopper

Den Versuch, sie zu beschreiben, musste ich aufgeben.

Lange Zeit habe ich es probiert, auf dem Meer, an den Küsten, habe Skizzen und Notizen gemacht, in Gedanken und auf Papier. Ich dachte, ich wüsste, wie es geht, oder wenigstens, dass es möglich ist. Doch als es darum ging, über die Mittelmeerinseln zu schreiben, gab ich mich geschlagen. Ich wusste nicht, was ich beschreiben sollte – und wie. Das Ergebnis ging stets vollkommen an der Realität vorbei, war weit entfernt von der Art, wie ich sie kennengelernt hatte. Vielleicht, weil es darum ging, einen Sinn zu erfassen, keine rationale Bedeutung. Bedeutung kann man erklären, den tieferen Sinn nicht – man kann nur versuchen, ihn zu erfassen. Und ihn dann wiederzugeben.

Auch die Auswahl war schwer: Ich habe Listen gemacht und verworfen, neue geschrieben. Ich habe eine Insel der anderen gnadenlos gegenübergestellt, sie auf Herz und Nieren geprüft. Bei jeder, die ich fallen ließ, musste ich mir mein Scheitern eingestehen, musste mich damit abfinden, ein Stück meiner selbst verloren zu haben.

Wenn man lange inmitten der Inseln gelebt hat, wenn man sie nicht nur gesehen, sondern sich die Landung mit der Mühsal des Segelns verdient, voller Staunen ihre Küstenlinien gestreichelt hat und behutsam in intime Buchten vorgedrungen ist; oder wenn einen die Inseln eine ganze Nacht lang festgehalten haben, ohne Aussicht darauf, fortsegeln zu können und zu fliehen; wenn sie einem in finsterer, undurchdringlicher Nacht plötzlich erschienen sind, im von wer weiß welch widerstrebenden Gefühlen aufgewühltem Meer ... dann regen sich Dämonen, die man noch immer fürchtet. Oder blaue Engel, von denen man noch immer träumt.

Eine Insel gräbt sich tief ein, wie flüssiges Blei, oder schließt Wunden, die man für unheilbar hielt. Gerade deshalb ist eine Insel ein grausamer Ort. Auf manchen von ihnen habe ich gelitten wie nie zuvor. Das ging so weit, dass ich sogar unter ihrer mal unverschämten, mal erhabenen, stets unerklärlichen Heiterkeit litt. Auf einer Mittelmeerinsel verfällt man dem verhängnisvollsten Zauber der See, die alles verstärkt; Freude wächst sich zur Ekstase aus, Schmerz wird zur Qual. Von den Inseln kann man sich nicht entfernen, höchstens fliehen, oder man möchte sie nie mehr verlassen. Auf einer Insel verdichtet sich die ganze Welt an einem Ort, an dem die Proportionen zwischen Mensch und Universum wiederhergestellt sind. Das ist natürlich nichts als Schein. Darum spricht man auch von Scheininseln. Wäre das vielleicht denkbar bei Kontinenten?

Der Mensch hat das Bedürfnis zusammenzufügen, was verstreut ist, und dem, was getrennt ist, eine gemeinsame Nationalität zuzuschreiben. Darum benennt er die Inseln auch gruppenweise. Es erregt Anstoß, wenn ein Zipfelchen Erde zu keiner Region gehört, und genauso inakzeptabel ist es, dass ein Mensch für sich alleine lebt, nicht als Teil einer Gemeinschaft. Mit den Bezeichnungen, die viel zu häufig nichts mit den Dingen an sich zu tun haben, hofft der Register- und Listenmensch, der Bürokrat, einzuhegen und zu beherrschen, was unfassbar und frei ist. Doch es nützt wenig, sie zu Archipelen zusammenzufassen, zu Föderationen des Verschiedenen, zwanghaft zusammengehalten von einem Namen, der keine Einheit bringt, oder von der unüberwindlichen Nähe, die sie einander fremd erscheinen lässt. Kyra Panagia hat nichts mit Alonnisos gemein; Ibiza hat Espardell noch nie bemerkt, obwohl dessen schmuckloser Leuchtturm die größere Insel beobachtet, vielleicht sogar rettet. Kythira gehört nicht zu den Ionischen Inseln und ebenso wenig zu den Kykladen, nach denen es sich streckt, und doch fügt sie den beiden Inselgruppen etwas hinzu, das ihnen schon immer gefehlt hat; Nisyros gehört nicht zum Dodekanes, obwohl man die Insel, grün und üppig wie keine andere der Ägäis, hinter Agios Theologos aufragen sieht. Port-Cros ist keine Schwester von Porquerolles, und wenn doch, haben sie unterschiedliche Väter.

Eines Tages werden wir uns gegebenenfalls darum kümmern müssen, diese Namen umzuschreiben, um Heuchelei und Unsinn ein Ende zu bereiten, werden von der wahren pelagischen Natur des Mittelmeers erzählen und Inseln mit gemeinsamem Schicksal verknüpfen zu Gefängnisinseln, Inseln der Glückseligkeit, Inseln des Wahnsinns, Zwillingsinseln, Inseln der Verbannung, Inseln des Handels, Inseln des Wortes, Inseln der Legenden, Naturinseln, Inseln der Tragödie, Inseln der Hoffnung und Inseln des Schweigens. Wir werden die Welt mit den kleinen Winkelmaßen von Sinn und Bedeutung statt mit denen der menschlichen Rechtsprechung neu organisieren, werden mithilfe von Alchemie Kalymnos und Kornat, Ponza und die Galite-Inseln, Symi, Hydra und Capri, Nisyros und Stromboli, Paxos und die Isola del Giglio zu großen, luftigen Archipelen zusammenfügen. So wie das Leben nicht nur aus dem besteht, was wir täglich auf der Straße sehen, sondern auch aus dem, was geschrieben wird, was in den Büchern steht, die von diesen Straßen handeln, so können wir die tatsächliche Geografie nicht auf politischen Landkarten ablesen, sondern wir erfahren sie, indem wir Orte kennenlernen, an verschiedenen Küsten anlanden, mit den Menschen sprechen, die diese Flecken Erde beleben. In einer Welt, die das Leben in den Mittelpunkt stellt und Respekt vor der beschwerlichen und zugleich wundersamen Geschichte der Menschheit hat, würden das Was und das Wie einander weitgehend entsprechen, würde die Kartografie zur *Psychografie* und die Geografie zur *Geosophie*. Wie die indigenen australischen Völker würden wir die Welt vielleicht irgendwann singend vermessen, und es ginge noch weiter: Wir würden Gewürzgrenzen ziehen, urbane Gebiete nach Rhythmus einteilen, die Ausdehnung eines Ortes anhand seiner Atmosphäre bestimmen, Seemeilen durch das Maß der Erinnerungen ersetzen, Meter durch Ideen, Hektar durch Harmonie. Was wäre das für eine wunderbare Landkarte! Wie viel Brüderlichkeit würde sie zeigen, wie viele Zwistigkeiten aus dem Weg räumen, wie viel gemeinsames Leid – und wie viel Freude – könnten wir dank dieser Archipele entdecken. Vor allem aber schüfen wir so präzisere Landkarten, die tatsächlich eine mögliche »Realität« abbildeten.

Bis heute ist eine Insel ein Stück anarchischer Boden, am Rand und zugleich ins Auge springend durch seine Andersartigkeit, und wenn dieses Stück könnte, würde es, um zu revoltieren, um sich ein weiteres Mal zu verweigern, in See stechen und über das Meer verschwinden.

In *Das steinerne Floß* hat José Saramago eine Halbinsel erfunden, die in den Ozean abdriftet. Was würde geschehen, wenn eine Insel stattdessen nach Vereinigung strebte? Würde Zypern sich mit Syrien und dem Libanon vereinen, von denen es sich einst trennte, oder würde es sich mit Kreta vermählen? Und würde Kreta nach Norden oder nach Süden steuern, wäre sie lieber Tochter Afrikas oder Europas? Wohin würden die Sporaden, die Maltesischen Inseln, die Ägäischen Inseln, die Kykladen streben? Ich stelle mir ein Chaos sich kreuzender Routen vor: Agios Efstratios, verwundet vom Erdbeben, Zeugin schrecklicher Gefangenschaften, würde nach Süden treiben. Gökçeada versuchte, zwischen den Lippen der Dardanellen hindurchzustoßen, die sie scheinbar einst ausgespuckt haben. Das zivilisationshungrige Sifnos würde vielleicht in Richtung Ägina schwimmen, um sich mit ihr in den wilden Nächten des Saronischen Golfes zu vergnügen; und Ustica, steuerte sie die Ägadischen oder die Äolischen Inseln an? Wonach wäre es Gorgona, Basilikum oder Rosmarin? Würde Ponza sich im Tyrrhenischen Meer verlieren, nur um ihre verhassten und beneideten Pontinischen Schwestern loszuwerden? Viele von ihnen würden sich den größeren Inseln anschließen, Sizilien, Sardinien, Zypern, Korsika, Djerba, weil sie die ihnen schmeichelnde, aber grausame Einsamkeit leid sind. Ich stelle mir immer vor, dass die Isla de Alborán, die Isla de las Palomas, die Habibas-Inseln und die Islas Chafarinas eilig Richtung Westen in See stechen würden, um ihr Verlangen nach Ozean zu stillen und sich auf die Suche nach verflossenen und verlorenen Liebschaften zu machen. Andere dagegen würden, erschöpft von der blauen Einöde, an Kontinenten andocken, um wenigstens einmal im Leben zu spüren, wie es sich anfühlt, normal zu sein. Doch die Zeiträume der Inselreisen sind enorm, sie erstrecken sich über geologische Zeitalter, die mit den Wünschen und Schwärmereien des Menschen gänzlich unvereinbar sind.

Wenn ich an eine Mittelmeerinsel denke, grabe ich in meiner Erinnerung danach, welcher Pirat dort am häufigsten vor Anker gegangen ist. Seefahrer, die aus einer Laune des Schicksals heraus oder durch die fatale Zerstreutheit unserer Tage recht häufig Unbekannte in der jahrtausendealten Geschichte geblieben sind. Fast immer einsame Männer, die nichts verbindet als das Meer, das Anarchisten hervorbringt wie nichts sonst. Ohne jene Inseln hätten sie ihre Freiheit niemals leben können. Die Inseln des Mittelmeers sind Verstecke, verborgene Felsspalten, geschützt vor dem Lauf der Zeit, Orte der Anonymität, des Sich-Entziehens, der Unsichtbarkeit. Aber auch umkämpfte Landeplätze, um den Wünschen dort Republiken zu errichten. Oder aber die Bühnen unvergleichlicher menschlicher Taten, Inseln, auf denen Monster leben, Toteninseln, Geburtsinseln der Götter, Inseln der Hoffnung, des Exils, auf denen man neu anfangen kann, oder aber Horte der Anarchie, auf denen man alle Absurditäten des Lebens hinter sich lässt. Auf den Inseln des Mittelmeers, nicht nur auf Montecristo, sondern überall, waren Schätze verborgen, und wer mit leeren Händen dastand, hütete doch magere Träume von einem besseren Leben. Wie viele Inseln waren dazu bestimmt, gefangen zu halten, zu isolieren, Verrückte, Abweichler, Andersartige zu bestrafen? Insel – Freiheit, Insel – Gefängnis. Orte, an denen man Rettung oder Erlösung sucht, denen man entflieht, um wiedergeboren zu werden. Darum kann es keine symbolischere Insel des Mittelmeers geben als Ithaka. Wollte Odysseus tatsächlich dorthin zurückkehren? Oder wollte er sie um jeden Preis verfehlen?

Derlei Orte voller Mythen und Legenden, bevölkert von Banditen und Helden, Zeugen von Schlachten und Epen, von Erwartungen und Hoffnungen, sind unsichtbar, weil diejenigen, die sie bewohnen, ebenso wie jene, die sie von außerhalb betrachten, sie niemals ganz verstehen werden. Alles, was wir von den Inseln wissen, bewegt sich auf dem schmalen Grat zwischen dort leben und von dort fliehen, einer Transitzone zwischen zwei gegensätzlichen Formen des Fremdseins. Ganze Heerscharen von Schriftstellern haben sich gerade deswegen woandershin orientiert, um diesem unfassbaren Paradoxon an einen derart entfernten Ort zu entfliehen, dass er allein mithilfe der Phantasie zu kontrollieren ist, an dem Schätze vergraben werden können, von denen man gerne träumt, die man aber nicht wirklich finden möchte, aus Angst, sie vorher vielleicht suchen zu müssen.

Möglicherweise sind allein Seefahrer imstande, über die Inseln zu sprechen. Wer zwischen ihren fernen Küsten pendelt, hat die Zeit, Gedächtnis und Vorstellungskraft zu pflegen. Als Erbe des alten Goldes und Protagonist des Elends ist der heutige Seemann und Segler reich an außer Kurs gesetzten Münzen, mit denen man Träume kauft und Nostalgie verhökert. Er balanciert zwischen Leben und Tod und bewohnt nie, was ihm gehört, ist ständig gezwungen zu verlassen, was seines ist, und lebt entlang der Route, die unter den Andersartigen geschätzt wird. Wegen dieser seltenen und paradoxen Gabe ist der Mensch des Meeres als Einziger in der Lage, das unbewusste Alphabet der Sinne zu buchstabieren. Seine Erzählungen vom Mittelmeer, ein schreckliches Gestammel. Die Worte, die er wiederholt, wie ein Bodennetz, zusammengeflickt aus den Fäden stockender Pausen, und noch mehr jene, die er nie wagte auszusprechen, bilden vielleicht die genaueste Landkarte einer Insel.

Jedes Buch ist das Resultat vieler Entscheidungen, und in dem vorliegenden geht es um Inseln. Es bleibt mir also nichts anderes übrig, als meine persönliche Meinung kundzutun, um niemanden zu täuschen oder selbst durcheinanderzukommen: Diejenigen, die immer nur gehen oder immer nur bleiben, habe ich nie gemocht. Diejenigen, die einen Atlas der tatsächlichen Reise vorziehen, und diejenigen, die einen Ort besuchen, ohne ihn vorher auf einer Landkarte oder zwischen den Seiten eines Buches gesucht (und ihn sich dort vorgestellt) zu haben, begreife ich nicht. Die einen leben nur in der Phantasie; die anderen einzig in der Realität.

Aber für menschliches Handeln, wenn es diesen Namen verdienen soll, braucht es eine Vorstellung vor der Handlung, und umgekehrt ist es sinnlos, nach etwas zu streben, um das man sich niemals im Schweiße seines Angesichts bemüht hat. Und doch sind beide Herangehensweisen, das ständige Weiterziehen wie die ewige Unbeweglichkeit, über die Maßen verbreitet, und die Konsequenz daraus ist der schleichende Niedergang des Menschen; falsche Bewegung ohne Bewusstsein oder aber der bedrückende Zustand, eine Insel zu erträumen, »die es nicht gibt«. Wer diesem Wunsch hinterherhorcht, hört das Brandungsgeräusch unserer Unzulänglichkeiten und unserer Trägheit. Die Insel gibt es, und ob, hören wir doch auf mit diesem Unsinn! Wer sie nur physisch bereist, wird sie niemals sehen, und wer sich nur hinwünscht, auch nicht.

Die Insel gibt es, und sie erwartet dich an einem bestimmten Ort. Was so viel heißt wie: »Sieh nur, hier bin ich, ich kann gefunden werden, selbst im abgelegensten Winkel des Meeres. Such mich.« Die übertragene Bedeutung einer Insel lässt sich wohl nur mit dem präzisesten Instrumentarium der Philosophie erschließen, doch zugleich hat eine Insel einen Ort, besteht aus einem Haufen Erde, der auf einer versunkenen geologischen Struktur ruht, und kann nur dank der wirksamsten Disziplin erkannt werden, die Reisenden zur Verfügung steht: der Geografie. Wie schön ist es doch zu wissen, dass etwas, dass jemand tatsächlich an einen genau bezeichneten Punkt des Planeten verortet ist und dass man nur noch hinfahren muss. Und wie erlösend ist es, auf solch einem Quadratzentimeter verortet zu sein und deinem Nächsten die Ausrede zu nehmen, dass er nicht wisse, wo du zu finden seist. Wie Russell Hoban habe ich mir als Kind immer vorgestellt, wie es wäre, wenn es Karten gäbe für diejenigen, die einen Freund suchen, Karten für diejenigen, die verzweifelt nach Hause zurückkehren wollen, vor allem wenn sie nicht wissen, was ihr Vaterland ist. Karten, um einen Feind auszumachen, die in unsere emotionalen Abgründe führen, Karten für die Flucht, die nicht so sehr geeignet sind, ein Ziel anzugeben, sondern vielmehr, um sich vom Ausgangspunkt davonzustehlen.

Vor einer Seekarte fühlt sich ein Mensch verloren wie ein Ertrinkender in den Wellen. Hat keine Ahnung, wie er sich auf diesem von Stückchen Erde durchsetzten Blau orientieren soll, wohin er fahren soll. Er muss sich bücken, sich zur Karte hinunterbeugen, sie von Nahem betrachten, ein Lineal zur Hilfe nehmen, um die hypothetische Linie seiner Route gerade zu halten. All die Ungewissheiten seines Lebens laufen hier zusammen, und die Orientierungslosigkeit quält ihn. Dann zieht, wie durch ein Wunder, ein Zeichen seine Aufmerksamkeit auf sich, ein gut sichtbarer Punkt erlaubt ihm, eine Küste zu erkennen. Ein Name, ein Symbol teilen ihm etwas mit. Und er klammert sich an diese Zeichen, wie später an die Instrumente, die ihm helfen, einer Route zu folgen. Er beginnt, dieses Blau mit Bemerkungen, mit Warnungen aus anderen Texten, aus Reiseerinnerungen zu kommentieren. Wie für sein eigenes Leben entwirft er ein Buch, in das er aufnimmt, was ist, was er weiß, Notizen darüber, was er noch nicht weiß. Wenn »sich ein Mensch aus dem zusammensetzt, was er hat, und aus dem, was ihm fehlt« (Ortega y Gasset), besteht auch seine Reise aus dieser Materie des Anwesenden, Möglichen und Abwesenden. Und dieses bemalte Papier, dieses Abbild seiner selbst, Spiegel seiner Wünsche und Ängste, zeigt ihm nichts anderes als Orte. An denen er jedoch sein Schicksal finden kann.

Seekarten sind eine hybride Form der Kunst, vollkommen in ihrer Unwirklichkeit und unvollkommen durch ihren Realismus. Die Symbole, die sie bevölkern, ähneln Hieroglyphen, aber die Zeit und die Erfahrung, die es braucht, um sie zu entziffern, bilden die Worte und die Melodie eines langen Gebets. Ich habe einige meiner schönsten Nächte damit verbracht, sie zu studieren und ihnen hinzuzufügen, was nicht auf ihnen verzeichnet war und was mir die Erfahrung und die typischen Ängste eines jeden Seefahrers diktierten. Ich lauschte dem Chor der Wassernixen, die mich mit trügerischen Versprechen lockten, und dem der Fischer, die versuchten, sie mit ihren Warnungen zu übertönen. Jede Information auf diesen Karten war eine Illusion, weil sie den Reisenden ausblendete, doch während ich sie betrachtete und mein Bewusstsein dem der Orte hinzufügte, wurden die Karten in gewissem Maße genau. Exaktheit, das ist es, was jeder verirrte Mensch braucht.

Deshalb übt die Geosophie solch eine Faszination, solch eine Wirkung aus. Sie untersucht nicht in Ansätzen erreichbare Ziele, sondern seelisch-körperliche Dimensionen, die jenen geistigen Wesen zugänglich sind, die auf ihrer Reise den Koordinaten eines Atlas vertrauen, der viel erschöpfender ist als ein geografischer und viel genauer als dessen Bildgebungsverfahren. Wesen jedenfalls, die danach streben, ihre eigene ganzheitliche Menschlichkeit zu erfahren. Wer sich an geosophischen Koordinaten orientiert, erfährt sich als ganzer Mensch.

Manch einer wird behaupten, wir könnten uns doch selbst erkunden, ohne einen einzigen Schritt zu tun. So machen es die Eremiten, also ist es vielleicht möglich. Doch der Eremit hat außergewöhnliche Fähigkeiten, er fängt nicht bei null an, er hat bereits genug erlebt, um Frieden zu schließen mit der eigenen Ruhelosigkeit, und häufig hat er sich vor seinem Rückzug lange Zeit mit ihr auseinandergesetzt. Wir, die wir nicht wissen, wie wir mit dieser Rastlosigkeit umgehen sollen, müssen erst ausbrechen, um anzukommen. Unsere Reisen sind wunderbare Gelegenheiten, Metaphern, symbolische Anlässe, wie dafür gemacht, uns zu enthüllen, was wir täglich vor Augen haben, ohne es zu verstehen.

In einer Zeit, in der man ein Ziel nicht mehr seiner Einzigartigkeit wegen besucht, sondern reist, wohin einen das Last-Minute-Billigangebot geführt hat, das auf dem Bildschirm aufploppte, ist es notwendiger, den Reisenden neu zu erfinden, als neue Reiseziele aufzutun. Fährt man dahin, wohin Gelegenheit oder Geld einen locken, erlebt man die x-te Augenwischerei, extreme Sinnestäuschungen, und das Ziel entpuppt sich als emotionale Einöde. Nicht alle Orte sind geeignet, nicht alle Orte sind gleich, und es ist nicht gesund, sie ahnungslos und geblendet zu erreichen. Sie lösen nichts in uns aus, und dort anzulanden ist enttäuschend. Darin liegt die Aktualität der Inseln, ihre tiefe Wahrhaftigkeit: Sie werden erwählt, ersehnt, verdient, und sie drücken unsere unsagbaren Wünsche aus, sie sind gewissenhaft und messerscharf im Halten ihrer Versprechungen genauso wie in der Nichtbeachtung unserer verfehlten Erwartungen. Fliehst du vor dir selbst, werden sie dich zurückstoßen. Kommst du, um dich in dich selbst zu versenken, nehmen sie dich auf. Auch deshalb habe ich mich für das Erzählen entschieden, die einzige Art, das Unsagbare auszudrücken. Und das Erzählen soll verhindern, dass irgendjemand diesen Atlas zuklappt und auf die wahnsinnige Idee verfällt, diese Inseln zu bereisen, ohne einer eigenen tiefen Sehnsucht zu folgen. Ich sage ganz unumwunden, dass ich aus diesem Grund Reiseführer verabscheue. Sie sind kalte Register nutzloser Museen, leere Speisekarten ungenießbarer Mittagessen, und wer sich nach ihnen richtet, beraubt sich der Chance einer eigenen angemessenen Orientierung. Was an einer Insel fasziniert, ist nicht nur sie selbst, und darum kann man es in keinem Führer nachlesen. Um über sie zu schreiben, muss man erfinden, ebenso wie es Vorstellungskraft braucht, um von ihnen zu lesen.

Glücklich ist daher, wer dem kleinen Joseph Conrad ähnelt, der auf die Frage »Wohin möchtest du gerne als Erwachsener einmal fahren, wenn du groß bist?« den Finger auf einen weißen Fleck der Weltkarte legte, der noch unerforscht und ohne jegliche Beschreibung war, und rief: »Hierhin!« Und als Erwachsener fuhr er tatsächlich dorthin.

Anmerkung: Manchem mag es seltsam erscheinen, dass in diesem Atlas auch zwei Inseln des Schwarzen Meers Platz finden sowie eine im Marmarameer. Doch die Meere sind miteinander verbunden, nur die Menschen betrachten sie als voneinander getrennt. Die Dardanellen und der Bosporus sind nichts anderes als die einzig mögliche Verbindung zwischen seit jeher vereinigten Becken, die Wasser, Seerouten, Kultur und Menschen miteinander teilen. Sie alle bilden die große Welt des Mittelmeers, das jemand einmal zutreffend als »den siebten Kontinent« bezeichnet hat. Und so betrachtet es auch der Autor dieses Buches, der auf diesen Meeren schon lange Zeit gesegelt ist und bis heute segelt.

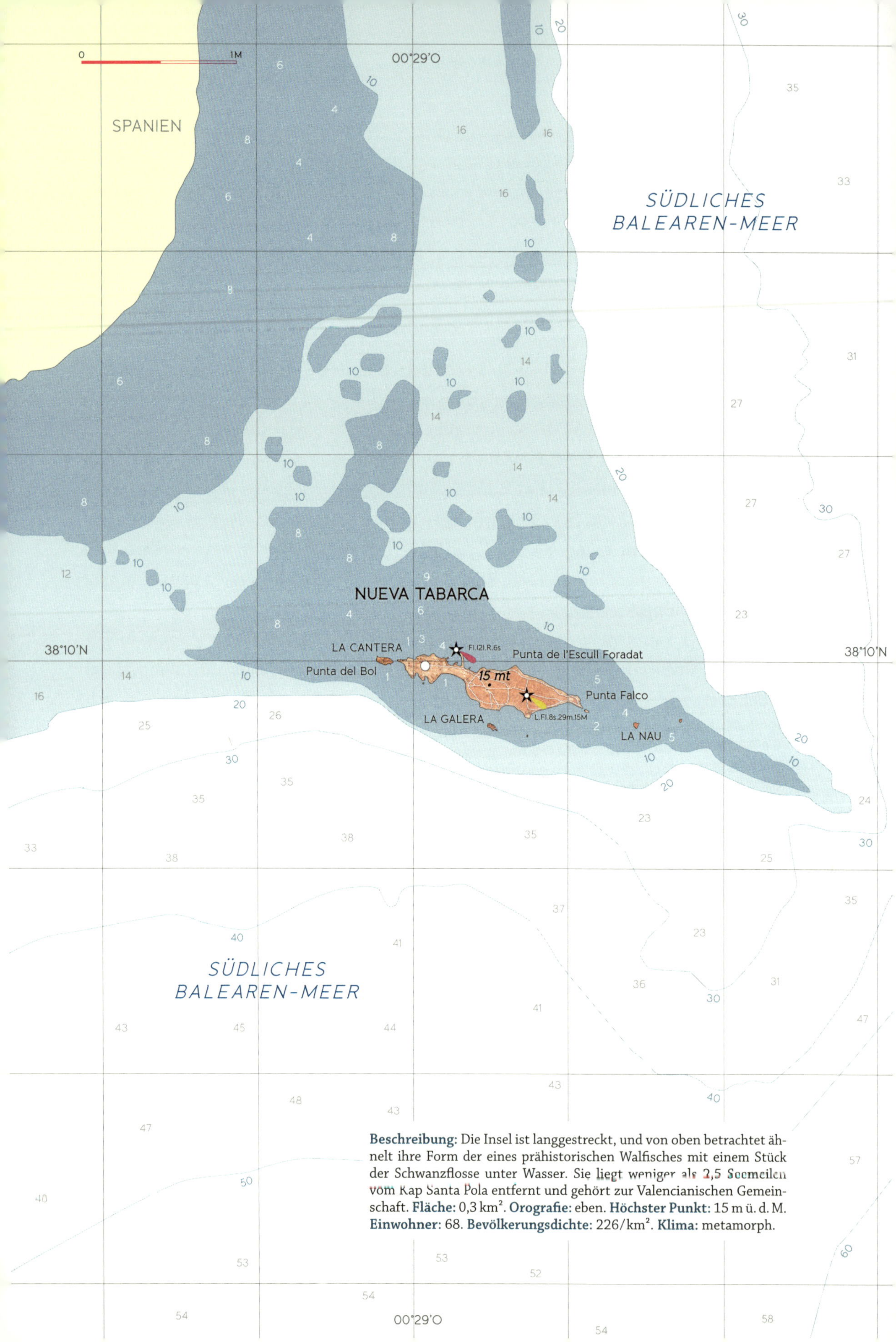

Beschreibung: Die Insel ist langgestreckt, und von oben betrachtet ähnelt ihre Form der eines prähistorischen Walfisches mit einem Stück der Schwanzflosse unter Wasser. Sie liegt weniger als 2,5 Seemeilen vom Kap Santa Pola entfernt und gehört zur Valencianischen Gemeinschaft. **Fläche:** 0,3 km². **Orografie:** eben. **Höchster Punkt:** 15 m ü. d. M. **Einwohner:** 68. **Bevölkerungsdichte:** 226/km². **Klima:** metamorph.

Balearen-Meer

NUEVA TABARCA

38°09'52"N • 00°28'23"W

WER SICH OHNE geeignete Vorbereitung ins Mittelmeer verirrt, dem sei zuallererst zur Vorsicht geraten. Und ebenfalls, keine voreiligen Schlüsse zu ziehen. Neben den vielen Orten der Unsichtbarkeit, der Metamorphosen und des Sich-Entziehens ist der Reisende auch Orten der Illusion und der blendenden Spiegelungen ausgesetzt, nicht selten mit besorgniserregenden Konsequenzen. Zahlen zu diesem Syndrom liegen uns nicht vor, wir wissen nicht, wie viele Besucher davon bisher betroffen sind. Die meisten Touristen neigen typischerweise dazu, die Orte im Verhältnis zu den eigenen seelisch-körperlichen Zuständen einzuordnen, anstatt sich selbst an den natürlichen Gegebenheiten eines Ortes zu messen. Nicht immer wird darum das Auftreten des Syndroms bemerkt. Deshalb hinkt die geophysische Forschung auch so hinterher: Es fehlen schlicht die Daten. Wenn es Orte gibt, an denen das Nichtsein gleichbedeutend mit Nichtverstehen ist, dann gilt das für unsere Heimaterde und vor allem für unsere Meere. Es versteht sich von selbst, dass Unverständnis unweigerlich mit Sprachlosigkeit einhergeht und dass sich so die vielen nicht überprüfbaren Hypothesen erklären lassen, mit denen die Wissenschaft zu kämpfen hat.

Glaubt man klinischen Studien, sind Schwindelanfälle und der vorübergehende Verlust des Urteilsvermögens die häufigsten Symptome, und in seltenen Fällen kommt es zur plötzlichen Auslöschung des Egos. Als besonders anfällig gelten, abgesehen von Vernunftmenschen, die Abstinenzler, die Wohlhabenden sowie die nordischen Völker.

Nach einigen Lehrbüchern verursacht die Konfrontation mit Luftspiegelungen, die einige als »Fata Morgana« bezeichnen, Verwirrungserscheinungen, begleitet von dem dumpfen Impuls, wieder abfahren zu wollen. Dafür muss sich niemand schämen, das passiert selbst den Besten. Was wir sehen, ist üblicherweise nur eines, und dies ist noch dazu leicht zu identifizieren, aber für das Mittelmeer gilt das nicht immer: Hier kann man in der Türkei auf die Marmara-Insel und auf Chalkidiki auf Neos Marmaras treffen, oder auf die Insel Pianosa, einmal im Tyrrhenischen und noch einmal im Adriatischen Meer, genau wie es eine Insel Capraia im Toskanischen Archipel und eine bei den Tremiti-Inseln gibt. Weiterhin ist da eine ansehnliche Gruppe von Orten mit Mehrfachbezeichnungen, Zante–Zacìnto, Kythira–Kutera–Cerigo, Korfu–Kórkyra, dazu die Inseln, die einander gegenseitig negieren:

Milos und Antimilos (oder Andimilos), Paros und Antiparos, Paxos und Antipaxos.

In einigen seltsamen, aber gar nicht so seltenen Fällen komplizieren sich die Dinge noch weiter, und der Reisende muss auf seinen Gleichgewichtssinn, auf Weitblick und die Regeln der griechischen Komödie zurückgreifen, um sich, so gut es geht, zu orientieren. Verwechslung und Paradoxa, zusammen mit dem Irrtum als Erkenntnisinstrument, bieten tatkräftige Hilfe.

So zum Beispiel im Fall von Tabarka, einer heute tunesischen Insel, im 11. Jahrhundert durch die Pisaner von den Sarazenen erobert, viel später an die Genueser verloren. Die adelige Familie der Lomellini, die unter dem Schutz des Admirals Andrea Doria stand, erhielt die Insel als Mitgift, nachdem jener sie Mitte des 16. Jahrhunderts als Teil des Lösegelds für den schrecklichen Piraten Turgut Reis gefordert hatte. Turgut war zuvor von einem Neffen Dorias gefangen genommen worden. Auf Tabarka gab es Korallen, und das Meer wimmelte vor Fischen. Genueser Bauern aus Pegli wanderten mit Sack und Pack dorthin aus, um sich niederzulassen und in diesen üppigen Reichtümern zu schwelgen.

Zunächst wirkte die Insel wie das Schlaraffenland. Doch der Wind der Geschichte kündigt sich stets an, wenn die See ruhig und windstill liegt, dann kommt eine noch unbemerkte Brise, bis sie auffrischt und sich unvermeidlich zum Südwind steigert, der Richtung Norden treibt. Andrea Dorias Nachkommen standen ihm in Sachen Tapferkeit um einiges nach, und die jahrhundertealten Übereinkünfte verblassten auf dem Pergament der Gegenwart. Tatsache ist, dass sich Tabarka im 18. Jahrhundert, innerhalb von kaum zwei oder drei Jahren, verdreifachte. Diejenigen, die die Tragödie zuerst begriffen, packten ihre Koffer, stachen des Nachts in See und landeten gegenüber wieder an, auf der sardischen Insel San Pietro. Sie gründeten das Dorf Carloforte, zu Ehren des Königs, der ihnen geholfen hatte, Karl Emanuel III. Herzog von Savoyen, König von Sardinien, und stiegen ohne Zögern von Korallen auf die unermüdlich wandernden Thunfische um. Es kam, wie es immer kommt: Diejenigen, die weniger flink waren, die Veränderungen zu bemerken, mussten die Eroberung durch den Bey von Tunis erleben, der Tabarka in Schutt und Asche legte und die Bewohner versklavte. Es erforderte viel Zeit, viel Anstrengung und eine stattliche Anzahl von Goldsäckchen, sie beinahe alle wieder zu befreien. Eine zweite Gruppe kam nach Carloforte, wo sie von den eigenen ligurischen Brüdern nicht gerade aufs Freundlichste empfangen wurde, und wich darum auf das nahegelegene Sant'Antioco aus, wo sie Calasetta gründeten. Die dritte und letzte Schar landete schließlich durch die Fürsprache König Karls III. von Spanien in Alicante, sie versäumten es jedoch, ebenfalls ein Carloforte zu gründen. Sie hatten noch weniger Phantasie. Auf der Insel San Pablo gründeten, befestigten, organisierten sie ih-

Weiße Häuser, die zum Meer hin abfallen, Blautöne, Palmen und Oleander, alte ligurische Mundart, konservativ und kreativ zugleich: eine Halluzination?

re neue Heimat und benannten sie um in: Nueva Tabarca, »Neu-Tabarca«, oder für die noch Fauleren einfach Tabarca.

Wer nach Calasetta, Carloforte oder Nueva Tabarca kommt, wird auf unvorhergesehene Weise, und häufig auf heftige Art, Opfer des Spiegelungsphänomens. Wie in den Spanischen Vierteln Neapels, dem Viertel Kalsa in Palermo oder rund um Genuas Piazza Caricamento findet hier schon immer ein intensiver tyrrhenischer Austausch unter Gleichen statt, und die Fragen, die dabei auftauchen, sind rücksichtslos: Befinde ich mich in einem ligurischen *carruggio*, einer für ligurische Städte typischen, engen Gasse zwischen hohen Häusern, oder in einem süditalienischen Gässchen? Weiße Häuser, die zum Meer hin abfallen, Blautöne, Palmen und Oleander, alte ligurische Mundart, konservativ und kreativ zugleich: eine Halluzination? »Wo bin ich? In Ligurien, in Afrika, in Sardinien, in Spanien?« Et voilà, die Hauptzutaten des Mittelmeers: die Spaltung, die Verdoppelung, das Neumischen der Karten.

Bis hierher, wird man sagen, könnten wir nur Täuschungen der Augen, der Ohren, und für die Raffiniertesten vielleicht des Tastsinns, verzeichnen. Aber da, mit Pessoa gesprochen, gilt: »die Reisen sind die Reisenden« – und die Orte also ihre Besucher –, wird es schwierig sein, sich dem existenziellen Zweifel »Wer bin ich? Was tue ich hier?« zu entziehen.

Der Beschreibung dieses wahrhaftigen Krankheitsbilds muss noch eine recht gewagte Parallele hinzuzufügt werden: Man sagt, das Universum sei der Leere entsprungen, oder besser gesagt, einer »Metamorphose der Leere«. Doch die Leere ist für die Forscher kein Nichts, sondern eine unerschöpfliche Lagerstätte von Materie und Antimaterie. Alles gehört zu dem Einen, auch das Eine. Und alle nehmen Anteil an allem, sogar der Besucher. Ein geografisches und inneres Ganzes, eine weltliche Metapher dieser so reichen Leere, dass sie den Urknall hätte erzeugen können. Dass der Tourist sich dann abmüht, nur das zu suchen, was bereits da ist, was er zu verstehen in der Lage ist, an Orten, wo er stattdessen auf etwas treffen sollte, das er nicht kennt, zum Beispiel den Menschen, der er noch nicht ist – das ist nicht die Schuld des Mittelmeers. Daher die Empfehlung, vorsichtig zu sein.

Die Insel (mit Namen Tabarca oder Nueva Tabarca, oder im Genueser Dialekt Ísoa Ciann-a, vom spanischen *plana*, flach) war lange Zeit von Piraten und barbarischen Freibeutern besetzt, die sie als Brückenkopf für Einfälle nach Spanien benutzten. Heute ist es ein Meeresschutzgebiet. Die Bewohner tragen noch immer zum großen Teil die ursprünglichen Genueser Familiennamen: Chacopino (Giacoppino), Manzanaro (Mazzanaro), Salieto (Saglietto), Parodi, Pianello, Russo und viele andere.

Beschreibung: Leicht länglich geformte Insel im Süden des Peleponnes, mit einer Zacke im Osten, bergig im Westen. Wenn man die Insel so dreht, dass Norden an die Stelle des Westens rückt, sieht sie – von oben betrachtet – aus wie ein Hundekopf. **Fläche:** größer als Elba und Malta. Etwa 278 km². **Einwohner:** etwa 3.000. Zusammen mit Cres ist sie die am wenigsten dicht besiedelte unter den einunddreißig größten Inseln des Mittelmeers, obwohl sich hier das Wunder der Geburt ereignete. **Bevölkerungsdichte:** 11/km². **Orografie:** Hochebenen und Täler, bergige Abschnitte und Klippen, offene Buchten und Fjorde. Eine Zusammenfassung, eine Simulation all dessen, was einem im Leben begegnet. **Klima:** ungewiss und wechselhaft.

Ionisches Meer – Ägäisches Meer

KYTHIRA

36°15'06"N • 22°59'30"O

EIN WENIG AUFGEREGT tauchen sie aus dem Wasser. Die Hände berühren den Sand, doch beim ersten Herzschlag richten sie sich auf. Vor ihnen eine flache Ebene, das Kommen und Gehen der Wellen.

Sie erheben sich stumm, unfähig, zurückzuschauen, da sie ohne Vergangenheit sind. Sie tun die ersten Schritte in Richtung des trockenen Sandes, wo sie taumelnd stehen, ohne das nötige Gleichgewicht zum Gehen, aber neugierig darauf, nicht zu beherrschen, was sie noch nicht kennen. Ihre Haut glitzert, jedes Bewusstsein ihrer Herkunft perlt von ihnen ab. Sie husten Meerwasser vermischt mit Spucke, und mit diesem Husten werden sie nun für immer das Schicksal von Ertrinkenden nachempfinden, dem sie selbst gerade eben entronnen sind. Sie knien dankbar nieder, wenden sich in Richtung der Insel Mortorio, die sie noch nicht sehen können, und fragen sich, warum sie sich dorthin aufmachen sollten.

Wenn sie merken, dass sie trocken sind, gehen sie los, auf ein imaginäres Ziel zu, und geben den Platz frei für einen anderen, der hinter ihnen aus dem Wasser steigt, sich hinkniet, auf dass der silberne Stern eines neuen Wesens aus dem Abgrund aufsteige.

Es heißt, dass viele, die Richtung Kythira schwimmen, in den Tagen unruhiger See verloren gehen und fortan dazu verdammt sind, den Seefahrern die Geschichte ihres Scheiterns zu klagen. Wer trotz der hohen Wellen durchkommt, wird hingegen zitternd und unsicher heraussteigen, unfähig, sich nach dem ersten Kniefall zu erheben. Nur vereinzelte seltsame Wesen landen in dem Augenblick der Stille, die auf den Sturm folgt. Sie erheben sich mit ruhigem, furchtlosem Blick und knien auch nicht nieder. Sie machen sich ohne Zögern, ohne sich Fragen zu stellen, auf den Weg zum Ruhm. Schon vom Strand aus kann man dumpf, aber unverkennbar das ferne Jubeln der Menschen hören, die sie erwarten.

Nahe Kythira (auch Kutera oder Cerigo) befruchteten Uranos' Genitalien den Meeresschaum, dem Aphrodite entstieg. Von Zephyr Richtung Osten gepustet, ging die Göttin in Zypern an Land, wo Peitho, die Göttin der Überredungskunst, Pothos, das Verlangen, und Himeros, die liebende Sehnsucht, sie empfingen – bereit, ihr zu dienen.

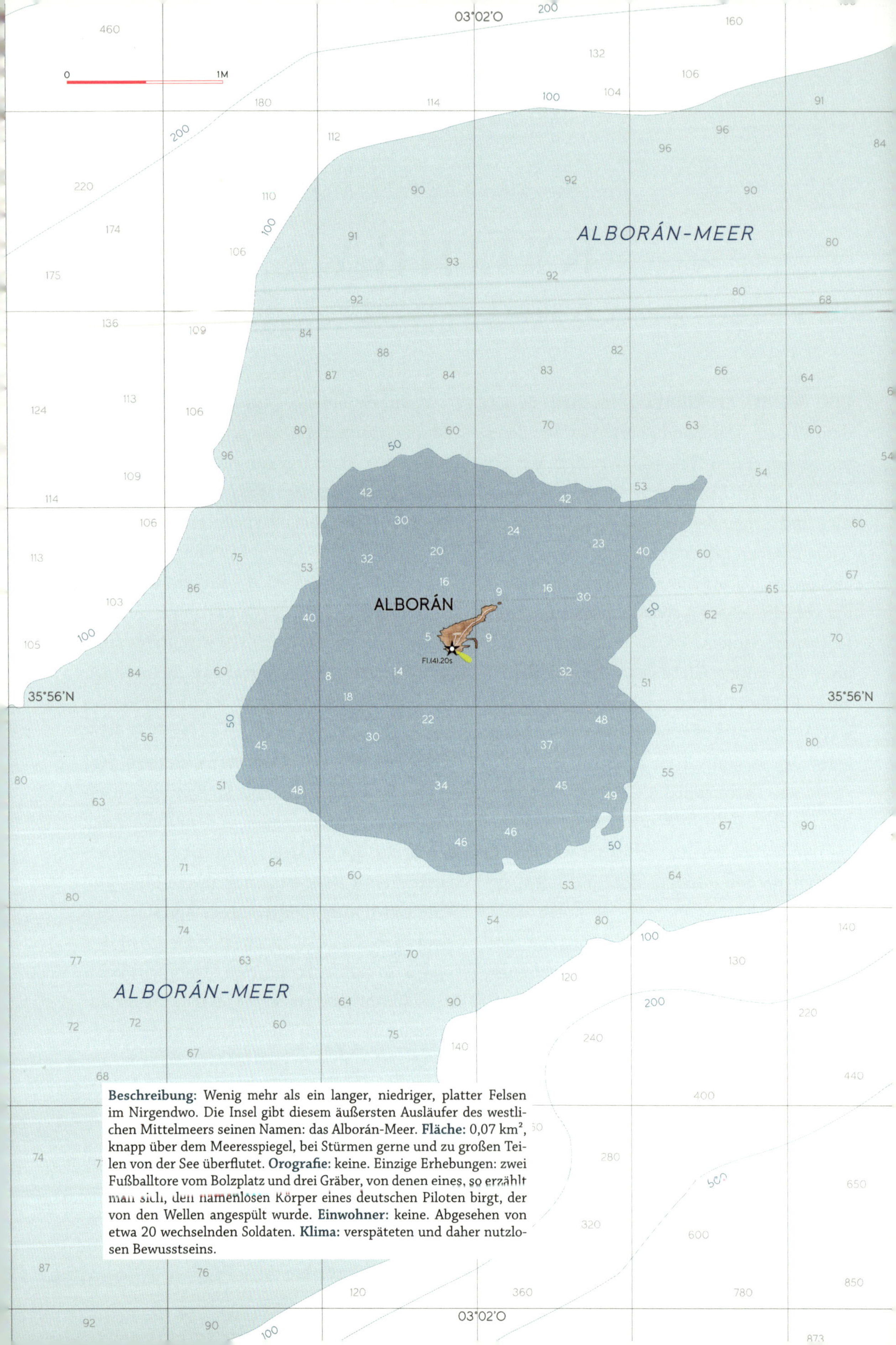

Beschreibung: Wenig mehr als ein langer, niedriger, platter Felsen im Nirgendwo. Die Insel gibt diesem äußersten Ausläufer des westlichen Mittelmeers seinen Namen: das Alborán-Meer. **Fläche:** 0,07 km², knapp über dem Meeresspiegel, bei Stürmen gerne und zu großen Teilen von der See überflutet. **Orografie:** keine. Einzige Erhebungen: zwei Fußballtore vom Bolzplatz und drei Gräber, von denen eines, so erzählt man sich, den namenlosen Körper eines deutschen Piloten birgt, der von den Wellen angespült wurde. **Einwohner:** keine. Abgesehen von etwa 20 wechselnden Soldaten. **Klima:** verspäteten und daher nutzlosen Bewusstseins.

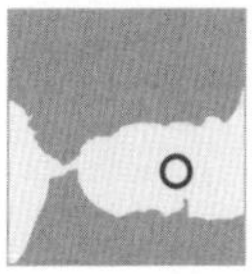

Alborán-Meer

ALBORÁN

35°56'21"N • 03°02'07"W

DAS LETZTE, WAS ER SAH, waren die beiden Grabstätten in anderthalb Metern Abstand voneinander, ein Gräberpaar, geschmückt mit zwei kleinen Kreuzen, und er wusste – man wird nie sagen können, woher –, dass es sich um die Hügelgräber zweier Frauen handelte, genauer gesagt: der Schwiegermutter und der Frau des Leuchtturmwärters, die zu Beginn des Jahrhunderts gestorben waren. Dann schloss er die Augen und betätigte den Schleudersitz seiner brennenden Messerschmitt, die mit den Farben des Himmels und der Wolken besprenkelt war. In dem Augenblick dachte er an Grete, die ihm doch, als er sich am Frankfurter Bahnhof von ihr verabschiedete, diesen unverständlichen Gesichtsausdruck zugeworfen hatte, der »wer weiß« oder »na gut, wenn es sein muss« oder noch etwas Schlimmeres bedeuten sollte, ein Gesichtsausdruck, an den Karl seitdem jeden Tag gedacht hatte, in Erwartung eines Briefes, der nie angekommen war – auch wenn es dafür sicher eine Erklärung gab, die nichtswürdige Post in Kriegszeiten oder sein ständiges Herumziehen von Front zu Front.

Doch der Schleudermechanismus seines Jagdflugzeugs, diesem Stolz der Luftwaffe und Wunder der Technik, funktionierte nicht, woraufhin sein Herz wie wild zu klopfen begann, im Gleichklang mit dem Überdrehen des Motors im Sturzflug, und die kurze Zeit des Wahnsinns und des Bedauerns verbrachte er mit einem letzten Blick auf die Insel, dem einzig sichtbaren Zipfel Erde inmitten dieser himmelblauen Plane des Mittelmeers, und betrachtete für einen Augenblick noch einmal die Gräber, doch diesmal schienen es ihm drei zu sein, nicht zwei, und eines von ihnen war noch offen, und endlich verstand er Gretes Miene, verstand, warum sie nicht geschrieben hatte, und in dem Moment, als es ihn in die Tiefe riss, war er erleichtert.

Fünfundvierzig Kilometer vor Marokko und fünfundsiebzig Kilometer vor Spanien gelegen, verdankt Alborán seinen Namen dem osmanischen Piraten al-Borani, der sie um die Mitte des 16. Jahrhunderts eroberte und dann wieder verlor. Marokko erhebt seit jeher Besitzansprüche auf diesen isolierten Felsen, der 1960 halbherzig von den Russen eingenommen wurde, die Francisco Franco sofort mit einer Militäreinheit vertrieb.

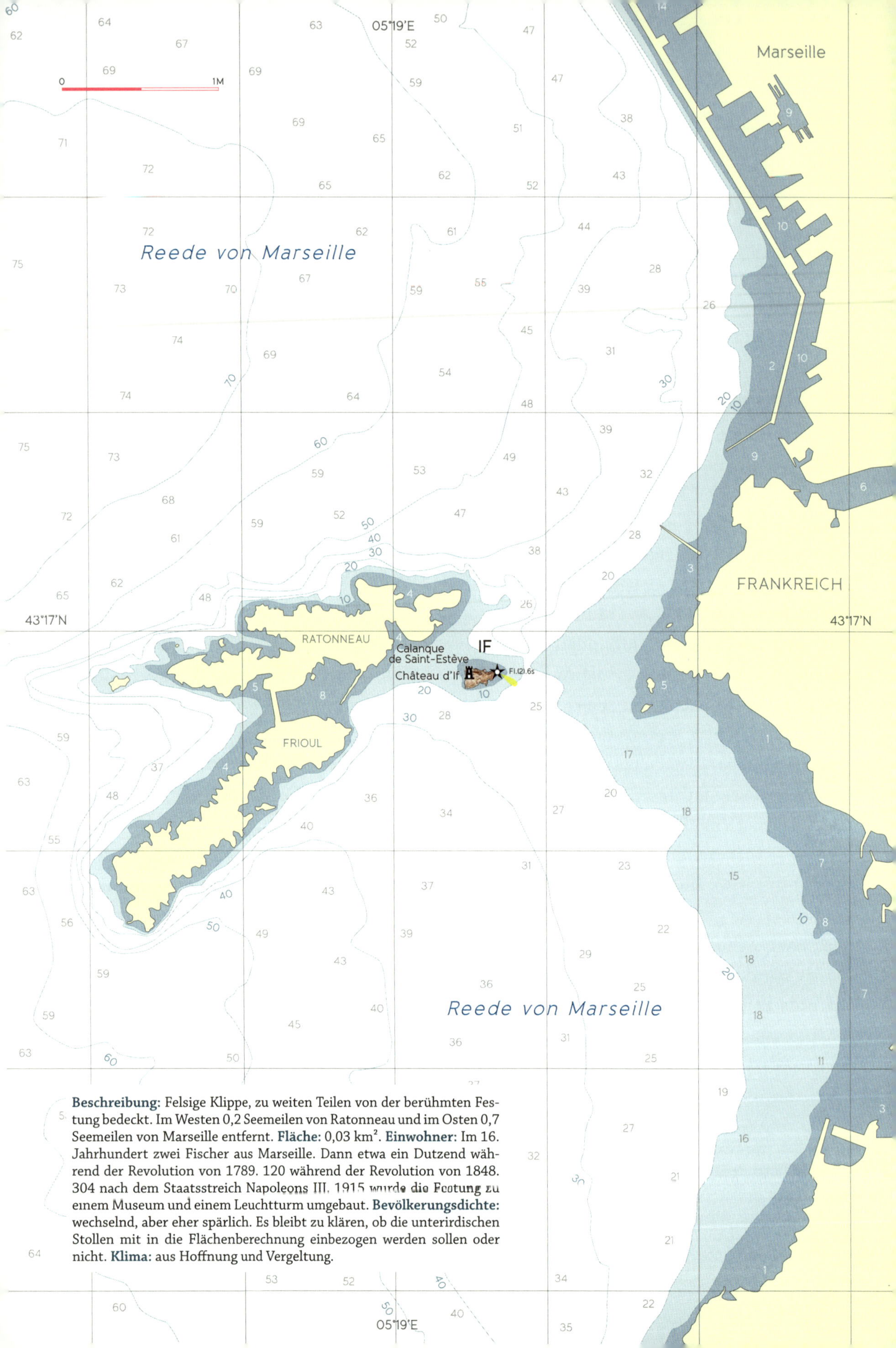

Beschreibung: Felsige Klippe, zu weiten Teilen von der berühmten Festung bedeckt. Im Westen 0,2 Seemeilen von Ratonneau und im Osten 0,7 Seemeilen von Marseille entfernt. **Fläche:** 0,03 km². **Einwohner:** Im 16. Jahrhundert zwei Fischer aus Marseille. Dann etwa ein Dutzend während der Revolution von 1789. 120 während der Revolution von 1848. 304 nach dem Staatsstreich Napoleons III. 1915 wurde die Festung zu einem Museum und einem Leuchtturm umgebaut. **Bevölkerungsdichte:** wechselnd, aber eher spärlich. Es bleibt zu klären, ob die unterirdischen Stollen mit in die Flächenberechnung einbezogen werden sollen oder nicht. **Klima:** aus Hoffnung und Vergeltung.

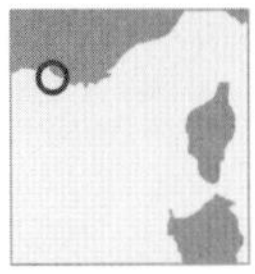

Golfe du Lion

IF

43°16'47"N • 05°19'32"O

AUS DER BUCHT von Saint-Estève auf der Insel Ratonneau schauen alle nach If, das genau gegenüberliegt. Aber nicht lange. Früher oder später lassen sie sich ablenken. Das ist eine besondere Eigenschaft Ratonneaus, und manch einer meint, damit sei die Insel nicht allein.

Ein Mann um die fünfundvierzig zum Beispiel, sagen wir eine Führungskraft bei Peugeot mit Namen Jean-Pierre, einer, der in seiner Jugend viel Liebeskummer hatte und das Problem schließlich mit der Heirat einer Lehrerin namens Claire löste. Mit der bekam er einen Sohn, der dank eines Förderprogramms für Angehörige von Angestellten inzwischen ebenfalls bei Peugeot arbeitet, erreicht die Bucht allein und bereits müde, er kann es kaum erwarten, sich ein wenig Ruhe zu gönnen. Er schaut sich verstohlen um, sieht, dass am Südende weniger Leute sind, und begibt sich auf die Suche nach einem Plätzchen, wo er sich ausstrecken kann. Während er über den frühmorgendlich feuchten Sand geht, schaut er zweifellos nach Osten und betrachtet das Inselchen If, das unheimliche Schloss, aus dem die Flucht nur in Romanen gelingt und das auch nur auf ziemlich waghalsige Art. Wer weiß, wie viel in diesem Château gelitten wurde, denkt Jean-Pierre, und wie viele Ungerechtigkeiten Männer dort erdulden mussten, die ein glücklicheres Los verdienten ... Er denkt über die Eigentümlichkeiten des Lebens nach, daran, wie grausam es sein kann, und er stellt sich vor, wie es wäre, wenn anstelle von Edmond Dantès sein Sohn dort gelandet wäre, der, nebenbei bemerkt, ebenfalls Edmond heißt ...

Als er beinahe die Stelle erreicht hat, wo er sein grellbuntes Handtuch ausbreiten will, sieht er einen Kerl, der, die Hände in die Seiten gestützt, mit leicht vorstehendem Bauch in den Himmel schaut. Zuerst achtet er nicht weiter darauf, versunken wie er ist in seine Gedanken an das Gefängnis von If und an das Verhalten von Mercédès, die in Edmond verliebt ist und dann doch voreilig Mondego heiratet, etwas, das ihn an eine nie überwundene schmerzliche Jugendliebe erinnert, aber als er näher kommt, kann er nicht anders, als ebenfalls den Blick zu heben und seinen Schritt zu verlangsamen, bis er stehenbleibt. Wenige Meter von ihm entfernt werden zwei kleine Jungen auch neugierig und schauen zum Himmel. Einer von beiden stellt sich übereifrig auf die Zehenspitzen und deutet auf etwas. Vier Damen, die über die Zeitungen linsen, die sie als Schutzschilde gegen ihre Ehemänner benutzen, sehen ein wenig Bewegung und erheben sich von ihren Liegen. Einer von ihnen scheint es angebracht, etwas zu sagen wie: »Na so was.« Eine andere beschränkt sich auf den Ausruf: »Aaaah.«

Nach kurzer Zeit haben alle den Blick zum Himmel erhoben, außer einem Kind von zwei Jahren, das sich der anderen noch nicht bewusst ist und glaubt, die ganze Welt bestehe im beängstigenden Anblick des feuchten Sandes, der in der Sonne zerbröckelt.

Irgendwann lässt sich eine Bremse auf dem Unterschenkel eines jungen Mädchens nieder – üppig genug, um die Libido des Insekts anzufachen – und sticht mit ihrer ganzen brummenden Energie zu. Das Mädchen bricht durch den plötzlichen, heimtückischen Schmerz im wahrsten Sinne des Wortes zusammen und wendet den Blick vom Himmel ab, krümmt sich und steht verdreht da wie die griechische Statue eines Diskuswerfers. Dabei schleudert sie ein langgezogenes, schrilles »Au!« heraus, das die Aufmerksamkeit einiger Umstehender auf sich zieht. Ein Mann, wenige Meter von ihr entfernt, beugt den Nacken nach unten und ergötzt sich an der Szene, wie sie vornübergebeugt dem abgelenkten Teil der Welt ihren Hintern präsentiert. Da es sich um ein schlichtes Gemüt handelt, das unfähig ist, was ihm geschieht, allein für sich zu genießen, versetzt er seinem Freund, einem pensionierten Schmied aus Lyon und verheiratet mit einer Apothekerin aus Marseille, einen Schlag in die Rippen und flüstert ihm zu: »Sieh mal!« Der andere prustet »He! …« wegen des Schlages und wendet sich um, auch er voller Freude über die idyllische Aussicht.

Er betrachtet das Inselchen If, das unheimliche Schloss, aus dem die Flucht nur in Romanen gelingt und zwar auf ziemlich waghalsige Art.

Die Aufforderung hinzusehen, geflüstert und darum unwiderstehlich, geht wie eine Welle über den Strand von Saint-Estève, wie eine Reihe dicht gestellter Dominosteine schubst einer den anderen an. Die Strandbesucher, die vorher allesamt in den Himmel geschaut hatten, senken ihren Blick einer nach dem anderen, ein wenig grummelnd, sie gehen auseinander, der eine setzt sich, ein anderer springt ins Meer. Einigen von ihnen dämmert vielleicht für einen kurzen Moment, dass es hier unten gerade nichts zu sehen gibt und alle eben deshalb in den Himmel geschaut haben, ohne überhaupt zu wissen, warum. Die Gewissheit, eine ganze Weile lang ins Nichts gestarrt zu haben, nur weil alle es taten, verbreitet nicht unbedingt Frohsinn, ganz im Gegenteil. Es mag ein klitzekleines bisschen Schuldbewusstsein dabei sein, aber jetzt schauen alle wieder aufs Meer, nach Osten. Auch Jean-Pierre setzt sich, nachdem er sein Handtuch ausgebreitet hat, und lässt seinen Blick erneut auf der Île d'If ruhen. Mercédès hätte Mondego nie heiraten dürfen …

Es vergehen einige Minuten, dann hebt ein Kerl um die fünfundfünfzig, ehemals politisch aktiv, heute agnostischer Werbefachmann, den Blick gen Himmel, doch nur um eine Dosis warmes Sonnenlicht aufzunehmen. Ein Neunzehnjähriger, in Gedanken an einen Selbstmord versunken, den er niemals verüben wird, fühlt sich wer weiß warum von dieser Geste angezogen und wendet sich ebenfalls dem leeren Himmel zu, der seiner unergründlichen Todessehnsucht so sinnverwandt ist. Kurz darauf recken erneut alle die Nasen zum Himmel, und das geschieht noch viele weitere Male, bis wieder eine Bremse vorüberfliegt, oder noch schlimmer, der unverwechselbare Triller eines kleinen, unwillkürlichen Geräuschs ertönt, verursacht durch das beharrliche Sich-Ausstrecken und Vornüberbeugen, ein Signal, auf das alle mit Sich-Abwenden reagieren – nur eine Dame aus Brest nicht, zu Besuch bei ihrem Sohn Giscard, die mit einer vagen Geste in Richtung aller Männer in ihrem Umkreis herausplatzt: »Schwein!«, was die meisten nicht verstehen, aber schuldbewusst als ihnen geltend auffassen und, ehrlich gesagt, sind sie auch nicht sicher, ob sie aus vollem Herzen widersprechen könnten. Was das Senken des Blickes noch beschleunigt, wenn auch nur, um sich gleichgültig zu zeigen. Und wenn man gerade unschuldig verdächtigt wurde, gibt es nichts Instinktiveres, als eine nachdenkliche, vielleicht sogar verdrießliche Miene aufzusetzen und jenen Ort des Schmerzes und der Sühne zu betrachten, den die Île d'If darstellt. Allesamt unsicher, ob es einmal Zeiten gegeben haben mag, in denen sie für eine solche Bagatelle bis zum Ende ihrer Tage dort drinnen hätten bleiben müssen.

Jedenfalls läuft es in der Bucht von Saint-Estève immer so. Ein Hin und Her der Blicke, nach oben und nach unten, ohne dass es wirklich etwas zu betrachten gäbe. Abgesehen von dem kuriosen Hang der Badegäste, bei dem zu verweilen, was nicht da ist, und das zu ignorieren, was da ist. Zum Beispiel das Blau des Meeresarms, der den Felsen von If von der Insel Ratonneau trennt, symbolische Orte der Ungerechtigkeit, aber auch des Widerstands und der Vergeltung, will heißen: des menschlichen Dramas, das sich zwischen Ertragen, Überleben und Nichtvergessen abspielt, zwischen Gefühlen und Werten, von denen man sich besser nicht ablenken ließe und vor denen ein Großteil der Badegäste doch die Augen verschließt.

In Form einer Synekdoche ist die Insel auch bekannt als Château d'If. In einem Anfall der Vermischung von Realität und Fiktion schreibt das Tourismusbüro von Marseille auf seiner Website: »Der berühmteste Insasse des Gefängnisses [des Château d'If, Anm. d. R.] ist zweifellos José Custodio Faria, dem Alexandre Dumas in *Der Graf von Monte Christo* zur Unsterblichkeit verhalf. Noch heute kann das Loch besichtigt werden, das Edmond Dantès in die Mauer einer Zelle gebrochen hat.«

Beschreibung: Von undefinierbarer Form, breit und plump im Süden, schmal und langgezogen im Norden. Von Fjorden und Felsen, Tälern und Gipfeln zerklüftet, kahl und häufig windgepeitscht. **Fläche:** 134,5 km². **Einwohner:** 11.000. **Bevölkerungsdichte:** 81/km². **Klima:** geeignet für anaerobes Leben.

Ägäisches Meer

KALYMNOS

36°58'54"N • 26°59'18"O

MAN HAT IM LEBEN nicht viele Gelegenheiten, in einem einzigen Augenblick seinen Zustand zu verändern, ganz plötzlich, ohne Übergang. Das geschieht, sobald man mit dem Kopf unter Wasser taucht. Man ist auf einmal ganz und gar innen und versteht die existenzielle Funktion der Geräusche, die notwendig sind, um sich davon abzulenken. In diesem Moment der Innerlichkeit tritt ein Paradoxon deutlich zutage: Um dort zu sein, muss man das Äußere verlassen, und dazu braucht man das Meer.

Zunächst erlebt man die Zeit als physisches, dichtes Objekt, das sich mit zunehmendem Druck ausdehnt. Sie bläht sich auf und vergeht, aber man darf nicht daran denken. Dann spaltet man sich: Kopf und Körper, zwei Teile eines Wesens, das man für gewöhnlich, in der Vermischung, nicht ist. Erst an diesem Punkt nimmt man den Abgrund wahr. Deshalb also hat man oben an der Oberfläche Lügengebäude errichtet. Um dem Abgrund zu entkommen ...

Aus der Nähe erinnert das ziellose Blau an den Tod, an das, was man nicht weiß und was man doch auch ist. An der Luft versuchte man, die Frage zu vermeiden, die direkt auf den Grund des Rätsels führt; unter Wasser vermeidet man den Grund, der direkt zur Frage führt. Die vierte Erfahrung ist die Umkehrung des Kopfes, der Füße und der Sinne.

Dann kommt die fünfte: das Gleichgewicht von Frieden und Sehnsucht. Ihr gehen zwei Abstoßungen voraus, eine, die uns hält, die andere, die uns forttreibt, nur ein kurzer Augenblick des Schwebens, wir ringen weder um Luft noch sind wir federleicht, sind unempfindlich gegen das ewige Anderswo des Geistes. Im Einklang, nicht fremd. Die Tiefe ist nicht das Gegenteil der Oberfläche, ist nicht dort, wo wir aufhören zu sein. Es ist jedoch die mächtigste Metapher der Abwesenheit.

Ovid beschrieb die Insel als von Wäldern beschattet, doch durch das wütende Roden der Eichen für den Bau von Festungen und Galeeren ist sie heute nackt und kahl. Sie war schon immer berühmt für ihre Schwammfischer, die zum Heraufholen der Schwämme bis zu dreißig Meter tief ohne Sauerstoff tauchten. Als die Schwämme zur Neige gingen, waren sie gezwungen, zu anderen Gründen zu ziehen, und ihre allein gebliebenen Frauen schafften eine matriarchalische Gesellschaft, die bis heute besteht.

Beschreibung: Insel in Form eines Haifischzahns oder einer umgedrehten Haifischflosse, mit nach Süden zeigender Spitze. Sie liegt einsam inmitten der nördlichen Ägäis und ist deshalb wenig besucht. **Fläche:** 43 km². **Orografie:** Ihr höchster Punkt ist der Berg Simadi mit 289 m ü. d. M. **Einwohner:** einer älteren Volkszählung zufolge um die 371. **Bevölkerungsdichte:** 8,5/km². **Klima:** von bangem Zivilbewusstsein.

25°00'E

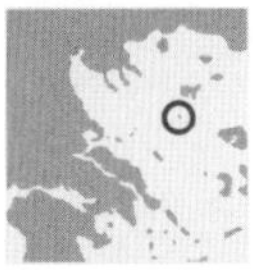

Ägäisches Meer

AGIOS EFSTRATIOS

39°31'08"N • 25°00'31"O

ICH BIN TRAURIG, GHIANNIS. – Warum, Mìkis? – Meine Musik ist im ganzen Land verboten. – Auch meine Gedichte sind verboten. – Und macht dich das nicht traurig? – Sehr, aber wenn sie von den Tyrannen gefeiert würden, die töten und foltern und uns auf dieser herrlichen Insel gefangen halten, wäre ich noch trauriger. – Das ist wahr, Ghiannis, aber die Gedanken an das größere Übel lindern den Schmerz über das Schweigen nicht, nicht heute Abend. – Was ist heute Abend anders? – Der Himmel ist so klar, man sieht noch immer die Umrisse dieses einsamen Felsens, und es herrscht eine unbesiegbare Stille aus Einsamkeit und Melancholie. – Ich bin der Dichter, Mìkis, du solltest Musik komponieren und ich dazu die Worte. – Ich bin traurig, Ghiannis, weil meine Musik verstummt ist: Die, die ich geschrieben habe, erklingt nicht, und die, die ich noch schreiben sollte, erfüllt mich nicht. – Weißt du, was Stille ist, Mìkis? – Die Abwesenheit des Klangs, der Geräusche. – Nein, Mìkis, zwei Schwingungen, die auf derselben Frequenz, aber jeweils in der Gegenphase liegen, löschen einander aus. Das ist Stille. *(Es herrscht lange Schweigen.)* – Ich habe verstanden, was du sagen willst, Ghiannis, danke. – Keine Ursache, Mìkis, unsere Aufgabe ist es, neue Töne und Worte zu finden, die keine Macht auslöschen kann, indem sie ihren Sinn verdreht. – Neue Worte, neue Melodien, das klingt nach Hoffnung, Ghiannis. – Und es klingt nach Qual, Mìkis, denn wir werden nie frei genug sein, unsere eigenen Melodien aus dem Herzen zu lassen, die Worte aus unserem Geist. – Ich weiß, gerade darum danke ich dir. – Weil wir nicht frei sind? – Nein, weil wir, wenn wir es wären, unser Volk verraten würden. – Wie das, Mìkis? – Deine Gedichte, meine Musik sind nicht für uns, sondern für sie, und du hast mich daran erinnert.

Auch Ai Stratis und auf Türkisch Bozbaba genannt. Der große Dichter Ghiannis Ritsos und der berühmte Musiker Mìkis Theodorakis lernten sich während des griechischen Bürgerkriegs (1946–1949) kennen, als beide auf der Gefängnisinsel Makronisos saßen. Viel später, während der Militärdiktatur (1967–1974) wurden beide auch auf Agios Efstratios gefangen gehalten, aber diesmal nicht zur gleichen Zeit. Am 19. Februar 1968 wurde die Insel von einem schrecklichen Erdbeben zerstört. Danach war sie lange Zeit vollkommen unbewohnt.

Beschreibung: Hauptinsel der gleichnamigen Inselgruppe. Form und Ausrichtung der Insel ähneln verblüffend denen Elbas, mit einem einzigen vor dem Nordwind und einem einzigen vor dem Südwind geschützten Teil. Sie liegt 150 Seemeilen vor Sardinien und 40 vor Tunesien. **Fläche:** 8 km^2. **Einwohner:** keine. Nur eine Schar Soldaten, die alle sechs Monate wechselt. **Orografie:** erhaben und bergig, bis auf fast 400 m ü. d. M. **Hydrografie:** drei Wasserquellen. **Klima:** endlich anarchisch.

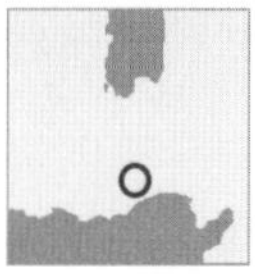

Kanal von Sardinien

JAZĪRAT JĀLIṬAH

37°31'31"N • 08°55'47"O

WENN IHR STUR den Seerouten folgt, werdet ihr sie leicht verfehlen. Wenn man reist, um sich zu verirren, gibt es kein verlässlicheres Instrument, und auf Inseln wie Jazīrat Jāliţah trifft man einzig und allein durch einen Fehler. Noch dazu durch den unverzeihlichsten: den Wunsch nach Freiheit.

Wenn ihr aus Nordwesten kommt, wird die Überfahrt lang und wild gewesen sein, aber episch und erhebend. Kommt ihr von Osten, handelt es sich wohl um eine Flucht. Trägt euch der Gregale, war's ein Abschied. So weit ab vom Kurs wie nötig und mit Süßwasser gesegnet, liegt Jazīrat Jāliţah in einem besonders herausfordernden Abschnitt des Meeres die Insel, an der man üblicherweise vorüberfährt, weil man sich dort gewiss nicht leicht ablenken lässt. Eine nutzlose Insel, von Wind und Wellen gepeitscht. Beständig und unbezwingbar, weil ungenießbar, eine schäumende Ehefrau, die trotz ihrer Schönheit niemandes Eifersucht weckt.

Nähert man sich ihr, ist es das Beste, Mut vorzutäuschen, egal aus welcher Richtung man kommt. Einem Ort, der eine derart bewegte Geschichte hat, kann man sich nicht auf jede beliebige Weise nähern; wie bei einem Heiligtum muss jeder, wer er auch sei, den Hut ziehen. Man wird an Antonio denken, der von Ponza mit ein paar Möbeln, seiner Frau, den Kindern und sieben Gewehren aufbrach. Der Weg bis hierher ist lang, wenn man nicht weiß, wo man landen wird. Vor allem, wenn man stattdessen weiß, dass man nicht zurückkehren wird. Vor Müdigkeit vernebelte Blicke, die Kristall gewordenen Tränen eines frischen Abschieds, so werden diese ersten Kolonisatoren, Abtrünnigen, Ausgestoßenen und Abenteurer sie gesehen haben. Jazīrat Jāliţah erinnere an ihre Heimatinsel, werden jene unter ihnen mit einem Hang zur Tragik gesagt haben, diejenigen, die niemals Abstand gewinnen, nicht einmal, wenn sie in See stechen; sie erinnere an nichts, was sie bisher kennengelernt hätten, meinen die Optimistischeren.

Wo es nichts gibt, muss man so tun, als habe man dort nie angelegt, oder die Vorstellungskraft einsetzen. Stellt euch also Antonio vor, der ans Ufer schwimmt, um das erste Seil festzumachen, der das winzige Ruderboot heranzieht, der zwischen Boot und Land pendelt, zwischen Küste und Steilhängen umherstreift, zwischen Gestern und Heute hin- und herklettert. »Kann auf so unwirtlichen Hängen etwas wachsen?«, wird sich seine Frau im

Stillen gefragt haben. Doch bevor Fragen gestellt wurden, haben sie sicherlich die Zeugnisse ihres Elends ausgeladen, sie mit Brettern und Dächern geschützt. Und danach, in einem Nachvollzug der Menschheitsgeschichte, wird der Stein hinzugekommen sein, dann das Feuer, von den Göttern gebracht, und schließlich das Metall und mit ihm die weise Betriebsamkeit desjenigen, der aus Todesfurcht wahre Wunder erschafft. Graben, einebnen, was gerade noch abschüssig war, Steine sieben, als die Kinder schon alt genug sind, um herumzurennen und zu spielen. Bis zur Ankunft eines weiteren Boots, Bekannte sind es, und noch ein anderes, alle auf der Flucht. Geht es einem in Gesellschaft besser, wenn man überleben will? Wer weiß.

Kann denn ein Felsen, ein hoch aufragender Stein im Wasser, Zeuge eines solchen Epos geworden sein?

Machen wir's kurz: Das Ende des 19. Jahrhunderts naht, die Zeit rennt, die Langustenfischerei wächst, es kommt der Faschismus und mit ihm eine neue Welle Ausgestoßener, Leute, die dem Gestank der Heimat den Geruch des Nichts vorziehen.

Auf Jazīrat Jāliţah, das die Ponzesen La Caletta nennen und die Franzosen La Galite, sind Sockel in den Steilhängen entstanden, Stein auf mineralischer Erde, kleine Häuser, das unermüdliche und verzweifelte Werk des Menschen. Antonio, der als Erster angekommen ist, könnte sich zum König ausrufen lassen, aber worüber sollte er herrschen? Menschen auf der Suche nach Zukunft sind schwer zu beherrschen, angefangen bei einem selbst. In diesen Breiten arbeitet jeder nach seiner Art, es gibt keine Regeln, es gibt keinen Priester, es gibt keine Schule, es gibt keinen Bürgermeister, es gibt keine Polizei, niemand geht wählen. Eines Tages landet ein französischer Anarchist auf der Insel an und ist sprachlos. Worüber sie sich in den Pariser Cafés in endlosen dialektischen Diskussionen streiten, könnte hier keiner auch nur ansatzweise nachvollziehen; aber es wird gelebt. Anarchie wird hier wörtlich genommen, nicht politisch diskutiert, keine Regierung, keine Regeln, nur Arbeit auf den Feldern und dem Meer, Trauben und Langusten und das Wenige, das man am Feuer teilt. Die Insel wird berühmt, wird zum Symbol einer Möglichkeit. Ein Verdacht, der unaussprechlich scheint: Kann man das, was man denkt, nicht tun, gerade weil man es denkt? Und kann man das, was man tut, nicht in Theorien fassen, gerade weil man es tut? Überall dort, wo man über Anarchie redet, gibt es nicht einen Einzigen, der sie lebt. Vielleicht weil die Beispiele, die eigentlich Hoffnung geben sollten, unerträglich sind für diejenigen, die sie erbitten.

Nichts zu haben, nicht einmal eine Hypothese, ist also die beste Grundlage, um es zu versuchen. Deshalb wirkt Jazīrat Jāliţah auf denjenigen, der mit Überzeugungen hier anlandet, wie verstreute Asche auf einem Haufen weißer Hemden.

Um besser zu verstehen, müsste man hinhören, aber das kann man nicht von jedem Reisenden verlangen. Heute herrschen auf Jazīrat Jāliţah nur noch Schweigen und Leere und Erinnerung. Vom Bout de Somme aus, dem höchsten Gipfel 360 Meter über dem Meeresspiegel, kann der Seemann einen Blick auf das Ganze werfen, vorausgesetzt, er weiß zu deuten, was er sieht.

Die Insel der gelebten Utopie ist bald in Gefahr. Das erste Anzeichen dafür erscheint im Jahr 1952. Eines Tages landet ein Mann an, ein vornehmer Berber mit eleganten Manieren namens Habib. Er bleibt dort zwei Jahre lang in der Verbannung, um dann, 1954, nach Tunesien zurückzukehren und seinen Kampf für die Unabhängigkeit zu vollenden. Kolonialmacht und Kolonisierte unterzeichnen die Papiere und fragen sich, wie mit Jazīrat Jāliţah zu verfahren sei. Wer wird hinunterfahren und diesen Leuten, die katholische Europäer waren, mitteilen, dass sie nun islamische Afrikaner sind? Die Oase der ohne Gesetze lebenden Langustenfischer ist eine heikle Angelegenheit. Und so eine Insel kann man auch nicht versenken, wie es die Franzosen wenige Jahre später vermutlich mit dem Schiff Hedia machten, in einer stürmischen Nacht, ganz in der Nähe von Jazīrat Jāliţah: eine Crew aus armen Seemännern, die den Kurs der großen Geschichte, die nun auf den Namen Algerien hört, besser nicht gekreuzt hätten. Diese Hoffnungslosen lösten sich in Luft auf, als hätten sie nie existiert, obwohl einige annehmen, dass sie noch am Leben seien, als Gefangene wer weiß wo. Aber mit einer ganzen Gemeinschaft, die noch dazu zum Symbol der Anarchie avanciert ist, geht das nicht. Und wen man nicht umbringen kann, verdrängt man, siedelt man um, macht heiße Ware aus ihm, die zwischen anderen Waren versteckt wird. Eine Staatsangehörigkeit, ein paar Münzen, ein richtiges Haus, ein Geschäft: Anreize, um alle auf ein Schiff zu laden und sie nach Le Lavandou an der Côte d'Azur zu bringen. Da im Norden gibt es keine Langusten mehr zum Fischen. Aber da ist Europa.

Der Reisende, der Jazīrat Jāliţah über dem Schiffsbug auftauchen sieht oder im Morgengrauen etwas sudlich von der Bordwand seines Schiffes bemerkt, wird das alles nicht glauben können. Kann denn ein Felsen, ein hoch aufragender Stein im Wasser, Zeuge eines solchen Epos geworden sein? Heute beheimatet er nur eine Schar gelangweilter Soldaten. Kann man ihm diese edle Herkunft wirklich abnehmen?

Es gibt keine Wahrheit, keine Erfindungen, wenigstens im Mittelmeer. Wenn man nicht bereit ist, das zu verstehen, sollte man lieber nirgends von Bord gehen, niemals den Anker setzen. Jazīrat Jāliţah hat existiert. Das war keine Utopie, und darum ist sie Wirklichkeit geworden. Also wird sie vergessen.

Auch La Caletta oder La Galite genannt. Über viele Jahrhunderte hinweg war die Insel ein Piratenunterschlupf. Sie hat riesige Flotten vorbeiziehen sehen, von den spanisch-genuesischen bis zu den osmanischen, doch dann lag sie jahrhundertelang verlassen da. Bis zur Ankunft Antonio D'Arcos, im Jahr 1850, und über hundertzehn weiteren Einwohnern Ponzas. Eine franko-italienische Gemeinschaft lebte dort mehr als ein Jahrhundert lang autonom und ungestört. Zwischen 1956 und 1962, im Zuge der Unabhängigkeit Tunesiens, wurde die *affaire La Galite* schließlich durch eine einvernehmliche und friedliche Umsiedlung gelöst.

Beschreibung: Insel von beachtlichen Dimensionen, mit einer flachen Südküste und einer zerklüfteten Nordküste. Charakteristische Kesselform eines Vulkans mit einem großen Golf nach Norden hin. Die Einwohner leben vor allem im Nordosten, an anderen Stellen ist die Insel beinahe menschenleer. **Fläche:** 160 km². **Orografie:** Der Westteil ist sehr hoch, bis zu 680 m ü. d. M. Die Ostseite flach. **Einwohner:** 5.130. **Bevölkerungsdichte:** 32/km². **Klima:** aus Ungläubigkeit und Anerkennung.

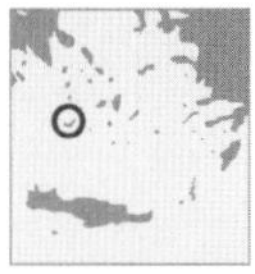

Ägäisches Meer

MILOS

36°42’43”N • 24°30’11”O

DAS SCHIFF FUHR mit voll gesetzten Segeln, ein Risiko bei diesem Wind. Es kam aus südlicher Richtung, zog dicht an den Klippen vorbei. Es ist etwas Wildes an einem Schiff, das Schutz sucht. An Bord wurden Taue gezurrt, Ruder ins Wasser getaucht, um ein Kentern zu verhindern. Die gesamte Insel hielt den Atem an. Sie vollführten ein perfektes Manöver. Was waren das für Männer, so kühn und geschickt? Der geflügelte Löwe auf der Flagge erklärte alles. Sie waren erschöpft, es schien grausam, sie zum Erzählen zu zwingen. Man erfuhr nur, dass sie unterwegs nach Giazza waren, einer märchenhaften Stadt in der Levante, doch dann, wurde erzählt, noch viel weiter nach Osten, in die turkmenischen Steppen, bis zum Hof eines sagenumwobenen Kaisers, dem Großkhan der Mongolen. Allein diese Namen machten benommen. Den Venezianern fielen beim ersten Schluck Wein die Köpfe auf den Tisch, sie träumten vom Orient.

Nur ein einziger, ganz junger, von siebzehn Jahren, wirkte ausgeruht, holte eine Karte hervor, zeigte mit dem Finger. Die Alten lauschten schweigend, die Frauen fasziniert von seiner Anmut und Schönheit. Ein Mädchen hatte sich mit leicht geöffnetem Mund neben ihn gesetzt. Sie roch den Duft des Jünglings, gepflegt trotz der Tage in Salz und Wind. Und er roch ihren Duft nach Milch und Lavendel. Er wandte sich ihr zu, während alle anderen die Karte studierten.

Siebzehn Jahre später war das Schiff in voller Fahrt. Sobald es ging, brach es nach Süden aus, dicht an den Klippen vorbei. Es liegt etwas Grausames im Wiedersehen eines Schiffes. Ein dumpfer Schlag, ein Abgrund. Ein atemloser Lauf zur Mole. Die Worte, die man nicht kennt. Die Reisen, die nur in der Vorstellung leben. Die namenlosen Gedanken, jener wiederkehrende Traum. Die unfassbare Zeit. Und der Duft eines Mannes.

Marco Polo stach 1271 sehr jung mit seinem Vater Niccolò und seinem Onkel Matteo in See. Er kam bis in den Orient, lernte den Kaiser Kublai Khan kennen, wurde dessen Berater und Botschafter. Er reiste kreuz und quer durch die Länder, bis er siebzehn Jahre später von Hangzhou aus, auf dem Wasserweg, in einer für die Zeit unglaublichen Schiffsreise über Malakka, Indien, Persien und Konstantinopel nach Venedig zurückkehrte. Kythira und Milos passierte er zweimal: einmal auf dem Hin- und einmal auf dem Rückweg.

Beschreibung: Die Insel hat beinahe die Form einer Maske, mit borstenbesetzter Nase und aufgerissenem Mund, nach Westen gewandt. **Fläche:** 25 km². **Einwohner:** keine. Auch wenn vor der Bucht von Planitis immer eine unsichtbare Meute versammelt ist. **Bevölkerungsdichte:** im Inselinneren verlassen. Sehr überfüllt am Ankerplatz im Nordosten. **Klima:** intensiv, kämpferisch, elektrisiert.

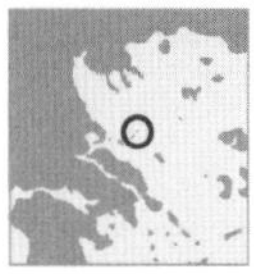

Ägäisches Meer

KYRA PANAGIA

39°19'26"N • 24°04'20"O

WENN ICH GANZ EHRLICH BIN, war das, was uns fehlte, vielleicht der Mut. Ich könnte behaupten, dass etwas Seltsames in der Luft lag, aber das will ich nicht. Im Grunde wussten wir gut, was und wo sie waren. Wir hatten uns zusammengefunden, um an den geeigneten Ort zu fahren, denn mit Fischen und Emotionen kennen wir uns aus, haben Abenteuerromane gelesen und wissen in der Strömung der Existenz zu segeln. Wir kennen keine Grenzen. Und darum erwartete ich, dass wir sie, sobald wir die Einfahrt zur Bucht von Planitis erreichten, sehen würden und der Spaß beginnen könnte.

Doch es kam anders. Der ein oder andere weinte sogar, rittlings auf der Reling oder auf der Badeplattform sitzend. Andere waren ins Wasser gesprungen und hatten schwimmend einen einsamen Felsausläufer erreicht, einige Dutzend Meter vom Festland entfernt, wo sie sich aufrichteten, tropfnass standen sie in den letzten Sonnenstrahlen, würdevoll wie bei einer liturgischen Handlung. Wir sahen uns an, dann warfen wir den Anker. Doch wir waren bereits alle andere geworden, die Schatten verzerrten unsere Mienen, und die letzten Lichtreflexe stimmten uns melancholisch, ließen sogar unsere Knie weich werden. Ich habe ein Foto gemacht, aber im Gegenlicht, und es ist nichts darauf zu sehen als ein doppelter Abgrund aus Schatten. June griff mit der Hand nach meinem Arm, und ich hörte einen Frauenschrei, der ihr in der Kehle steckenblieb, hin- und hergerissen zwischen Gefahr und Verlangen.

Beschäftigt wie wir waren, das Boot zu versorgen, hatten wir es anfangs gar nicht bemerkt. Der Anblick fesselte unsere Aufmerksamkeit, aber all das, was wir zu tun hatten, den Überschuss an Welt, den wir in uns trugen, und nicht zuletzt die Ladung Wein in der Kombüse verstellten uns den klaren Blick auf die Realität. Auch dort, wie bei allen Dingen, die wir auf unserer langen Reise beobachtet hatten, waren wir mehr bei uns selbst und weniger in der Welt da draußen, war die Late-Show-Titelmelodie uns näher als das Meeresrauschen. Und so verloren in Ahnungslosigkeit, wunderten wir uns nicht einmal über die große Menge von Booten, die dort erwartungsvoll im Wasser trieb. Nicht einer sagte: »Leute, was ist los mit uns? Warum fahren wir nicht zum Ankerplatz? Was geschieht hier?« Lange Zeit später dachte ich sogar, wir seien betrunken gewesen, dass diese beiden an Deck geleerten Flaschen und die

Gläser zuvor am Hafen uns ein wenig die Sinne vernebelt hätten.

Tatsache ist, dass wir dort liegenblieben, auf den leichten Wellen des Stückchen Meers, das der Bucht von Planitis vorgelagert ist. Wir holten die salzverkrusteten Segel ein, versenkten den Anker gründlich im Sandboden, machten die Schotten dicht und warfen schweigend ein Seil zu den anderen Booten hinüber, wie alle es getan hatten, auch wenn ich den Grund dafür vergessen habe. Es waren dort Tartanen mit jungen Leuten aus Sciacca und seltsame Mannschaften aus Ceuta, die Raï-Musik hörten; dazu zwei perfekte, miteinander verbundene holländische Ketsche, randvoll mit hochgewachsenen Seemännern und strohblonden jungen, halbnackten Frauen, die nichts weiter trugen als eine Art kurzes weißes Hemdchen; es fehlte auch nicht der Kapitän aus der Fernsehwerbung, der mit all seinen Errungenschaften an Deck stand; auch Marlowe war da, den wir seit den Zeiten von Alessandria nicht gesehen hatten. Jean-Pierre war da und Marco, »der Maestro«, dazu Peppe und Tiziana, die auf der Delphinharpune der *Jonathan* Händchen hielten; Stefano war da, mit all seinen Katzen; man sah Hafenkähne und Regattaklipper und sogar zwei in einer Jolle, die sich ununterbrochen küssten. Vor allen anderen, als wäre er zuerst angekommen, murmelte ein Bretone auf einem Gaffelschiff unaufhörlich vor sich hin, so als wüsste er bereits, was gleich geschehen würde. In der Nähe des tropfenden Grüppchens trieb auch ein Fischerboot voller Einwanderer, die rückblickend wirklich den vollen Durchblick bewiesen hatten, ich hoffe, sie haben es geschafft. Der Rest waren Menschen des Meeres, Leute, denen man ansah, dass sie nicht zufällig hier gelandet waren, Bewohner der großen flüssigen Wüste, die wissen mussten, wie man mühelos über dieses schäumende Meer glitt, das in der einbrechenden Dunkelheit im Rücken aller nach und nach verschwunden war. Doch wir hatten auch nicht allzu viel Zeit, um uns all dieser Dinge bewusst zu werden. Es war vielleicht halb neun, als sich die rote Kugel hinter dem letzten Möwenflug in die Tiefe stürzte, und auf dem Meer vor dem Strand von Planitis konnten wir einander kaum noch erkennen. Es herrschte Schweigen. Die Mastlichter waren alle aus. Der Stillstand der Luft brachte uns ein wenig ins Schwitzen, doch er erlaubte es auch, dem beinahe unmerklichen Rauschen der Kiele und dem fernen des Strandes zu lauschen, der geschützt in der Bucht lag, die sein Geheimnis bewahrte.

Unzählig viele kleine, blau-orangefarbene Flämmchen in Form von Segeln waren aus der ins Dunkel gehüllten Mündung der Bucht aufgetaucht.

An diesem Punkt, werdet ihr sagen, hätten wir doch etwas bemerken müssen. Und ihr werdet nie glauben, was dann geschah, ihr werdet es sogar für Unsinn halten. Das verstehe ich, und der Gedanke ist auch nicht ganz abwegig. Ich würde das Gleiche denken, wenn ich an eurer Stelle wäre, und ich habe keinen der vielen getadelt, die uns nicht glauben wollten. Es war so schön, dort gemeinsam verborgen zu liegen, die unterschiedlichsten Menschen und Boote, alle miteinander durch Taue verbunden, endlich Seite an Seite. Dieser Schwebezustand war unserer eigentlichen, nie zuvor ausgelebten Natur so ähnlich, dass es uns vorkam, als würden wir sie längst kennen, als könnten wir sie mit Händen greifen. Wir hatten sogar Angst, uns zu bewegen, aus Furcht, es könnte aufhören, in uns zu sein, das Meer selbst, das in uns eindrang, uns von jeder denkbaren Herkunft erlöste. Zum letzten Mal versuchte jemand, eine Frage zu stellen, doch es war nur ein Flüstern, ein leise vor sich hin gesprochener Rosenkranz, und die in seiner Nähe wiesen ihn mit einer langsamen Geste an, ruhig zu sein. Über kurz oder lang verfielen wir alle in ein von nichts und niemandem gestörtes Schweigen.

Nach etwa einer Stunde sind sie, ganz ohne Vorwarnung, zunächst zögernd, dann blitzschnell, einer nach dem anderen aus der Bucht gekommen und leise murmelnd davongeglitten, wie Fackeln im auffrischenden Wind. Nicht einmal jetzt, da ich lange darüber nachgegrübelt habe, könnte ich sie beschreiben. Vielleicht waren es Flämmchen. Unzählig viele kleine, blau-orangefarbene Flämmchen in Form von Segeln, verdoppelt durch den zitternden Reflex auf der Wasseroberfläche, und sie waren aus der ins Dunkel gehüllten Mündung der Bucht aufgetaucht, betrachteten uns, als hätten sie erwartet, uns dort zu finden, und entschwanden dann in Richtung des schwarzen Horizonts.

Wir lagen dort mehrere Monate vor Anker. Niemand von uns hat die Bucht von Planitis je betreten.

Bekannt auch unter dem Namen Pelagos, was auf Griechisch »Meer« bedeutet, die größte der unbewohnten Sporaden-Inseln, einer der größten Inselgruppen des Mittelmeers überhaupt. Auf der Ostseite gibt es auch ein Kloster, doch seit undenklichen Zeiten wohnt dort kein Mönch mehr. In der ganzen Ägäis ist Planitis eine der wenigen nach Nordosten hin geöffneten Buchten, wo man trotz der starken Winde häufig vor Anker gehen kann.

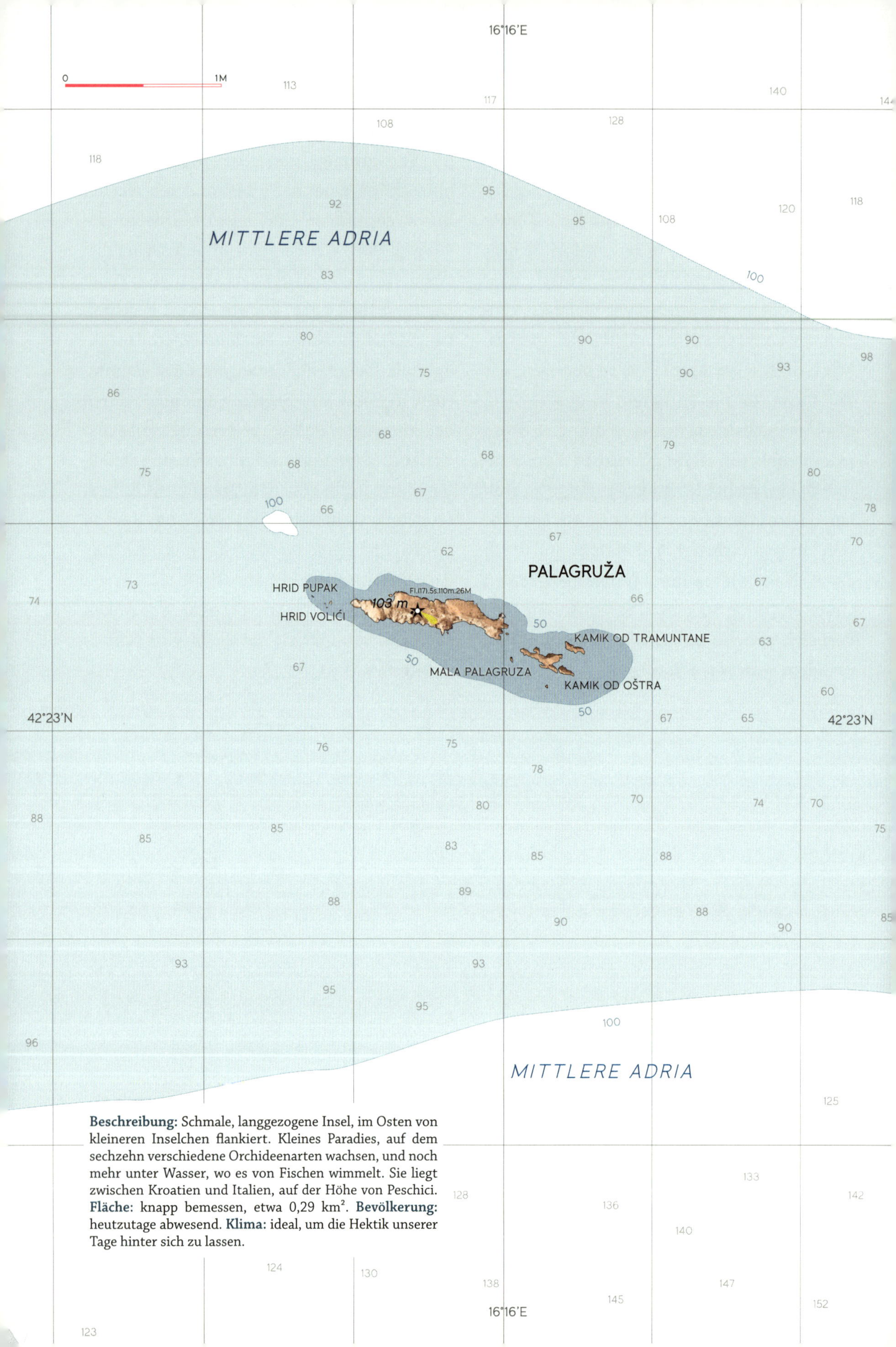

Beschreibung: Schmale, langgezogene Insel, im Osten von kleineren Inselchen flankiert. Kleines Paradies, auf dem sechzehn verschiedene Orchideenarten wachsen, und noch mehr unter Wasser, wo es von Fischen wimmelt. Sie liegt zwischen Kroatien und Italien, auf der Höhe von Peschici. **Fläche:** knapp bemessen, etwa 0,29 km². **Bevölkerung:** heutzutage abwesend. **Klima:** ideal, um die Hektik unserer Tage hinter sich zu lassen.

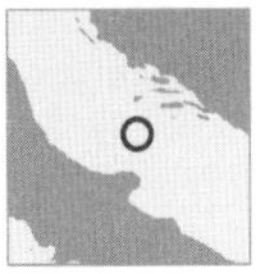

10 Kroatien *Hrvatska*

Adriatisches Meer

PALAGRUŽA

42°23'34"N • 16°15'31"O

HELDEN MACHEN ANGST. So wie Diomedes, der im Exil geboren wurde, weil seine Heimat usurpiert worden war. Schon von Kindesbeinen an bereitete er sich auf den Krieg vor, um das Vaterland zurückzuerobern, als er unterhalb der Mauern von Theben zum Waisen wurde. Noch als er ein Knabe war, verfolgte er also zwei Rachemissionen. Er wurde einer der sieben Epigonen, der Helden von Theben, dann holte er seinem Großvater die Krone der Heimat zurück, indem er Kalydon eroberte. Und in diesem Moment – verlangt ihr – sollte er nicht nach Troja aufbrechen? Natürlich tat er es, und Homer erzählt von ihm als einem Zorn Gottes, unaufhaltsam wie ein einstürzender Staudamm: Er ist kurz davor, Aeneas zu töten, verletzt Aphrodite, die dem Trojaner zu Hilfe eilt, und muss sich von Apollon ermahnen lassen, dass man die Götter nicht herausfordert. Dante lässt ihn im selben Höllenfeuer schmoren wie Odysseus, einem anderen notorisch Ruhelosen. Wie er muss auch Diomedes eine echte Odyssee durchstehen, doch als es ihm endlich gelingt, nach Hause zurückzukehren, erwartet ihn eine bittere Überraschung: Seine Frau und seine Untertanen haben ihn vergessen (Aigiale hat ihn auch noch mit Kometes betrogen, dem der Held aufgetragen hatte, sich um seine Habseligkeiten zu kümmern). Was für ein trauriges Schicksal!

Enttäuscht sticht Diomedes daraufhin Richtung Adria in See, bringt allen, die ihm begegnen, die Kunst der Navigation bei und gründet Dutzende von Städten. Vom Kriegshelden wird er zum Helden des Meeres, Botschafter der griechischen Zivilisation in aller Welt. Woher er all diese Unternehmungslust und Kraft nahm, ist unklar. Vielleicht hatte er einfach erhöhten Blutdruck. Ich beneide ihn gewiss nicht. Außer um seinen letzten Anlegeplatz, der nicht die Tremiti-Inseln waren, wie Strabon behauptet, sondern Palagruža. Stille, Meer, Frieden. Endlich, nach so viel unnützem und hyperaktivem Gezappel.

Auf Italienisch Pelagosa. Im 13. Jahrhundert wurde ein venezianischer Adeliger aus wichtiger Familie, ein gewisser Lusignan, ins Exil geschickt, ließ sich dort nieder, baute eine kleine Wehranlage und verschrieb sich fortan der Piraterie. Von dort aus, im Herzen der Adria, kontrollierte er den gesamten Schiffsverkehr zwischen dem Gargano und Dalmatien, wobei er besonders der *Serenissima*, der Republik Venedig, zusetzte. Trotzdem weiß man über ihn nur wenig bis nichts. Eines der vielen vergessenen Rinnsale in der Geschichte des Mittelmeers.

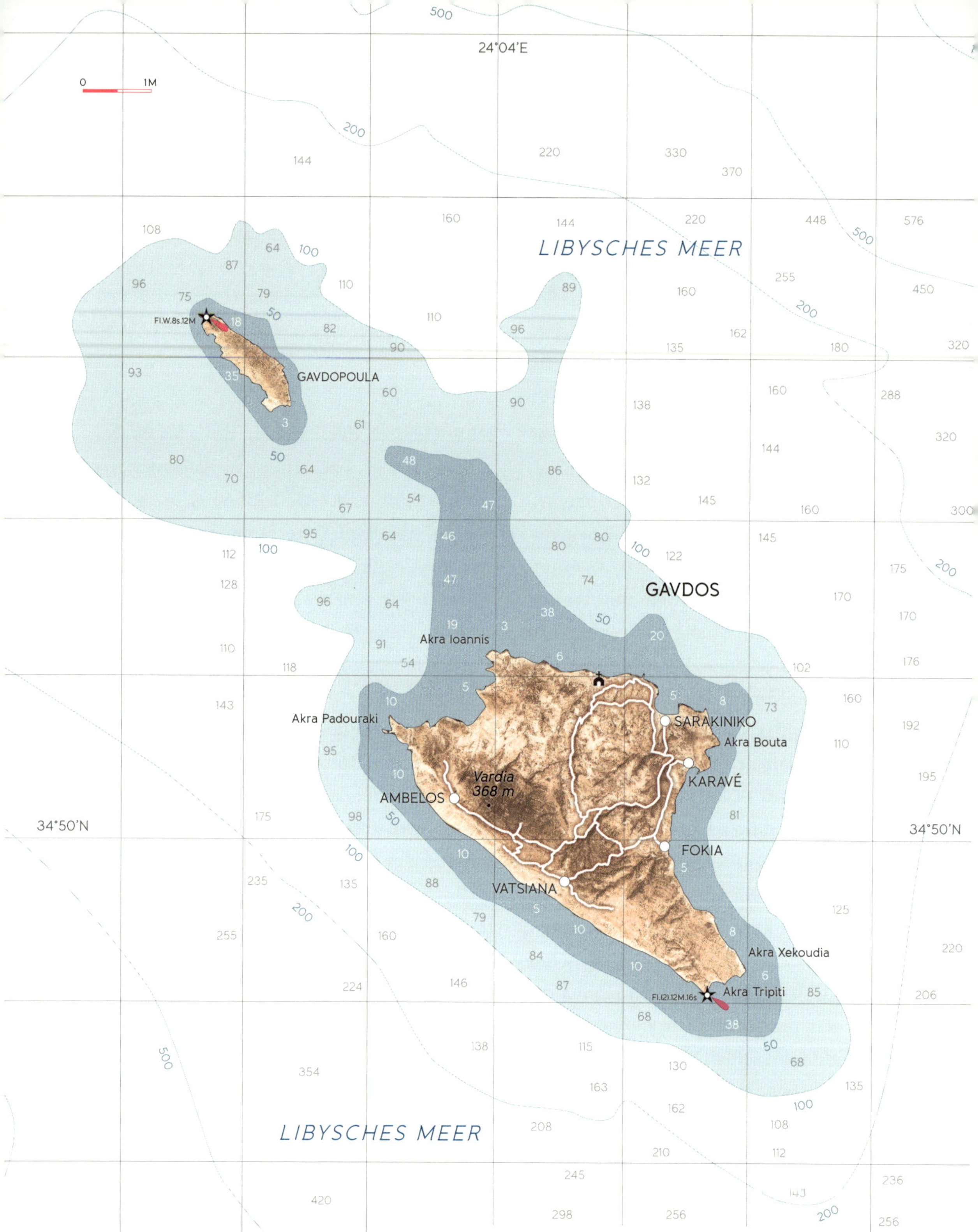

Beschreibung: Insel von grob dreieckiger Form, die sich in Richtung Scirocco streckt, schroff durch ihre Klippen im Süden, lieblicher in Nordwest und Nordost, überall felsig, aber grün. **Fläche:** Über 30 km². **Bevölkerung:** Etwa 150. **Bevölkerungsdichte:** 5/km². **Orografie:** Ein knapp 350 Meter hohes Felsmassiv auf der Südseite. Klippen, die langsam Richtung Norden hin auslaufen. Geheimnisvolle Täler zum Meer hin, schwierig zu Fuß zu bezwingen. **Klima:** Dionysisch. Energie, Verwunderung, Angst.

Libysches Meer

GAVDOS

34°50'50"N • 24°05'16"O

AUF KRETA KÖNNTET IHR, so wie es mir zufällig passiert ist, auf das Inselstück zwischen Limnia und Kavros geraten, wo die Koniferen und die Macchia sich mit Felsen und Salbei mischen und man Botanik, Geografie und Menschheitsgeschichte kaum mehr auseinanderhalten kann. Entlang dieser hohen Klippen, die den Anschein eines erhabenen Gebirges machen, könnt ihr für einige Augenblicke an einer der Kurven der kleinen Straße rasten und die Insel Gavdos bewundern, ihrem unwiderstehlichen Ruf lauschen. Einige Tage später könnt ihr, wenn ihr an einem der kleinen südlichen Häfen vorbeikommt, feststellen, dass dieser Anblick euch nicht genügt hat, und beschließen, so wie ich, mit einem Fischer über eine Bootsfahrt zu verhandeln, die euch dorthin bringt. Macht euch nichts aus der finsteren Miene des Mannes, sondern schreibt sie der spröden, misstrauischen Natur der Seemänner zu. Wenn er euch auf Gavdos abgesetzt hat und Anstalten macht, sich alsbald wie möglich zu entfernen, werdet ihr ihn mit einem Wink und dem Lächeln der Ahnungslosen verabschieden, und gerade noch den grimmigen und zugleich besorgten Blick bemerken, mit dem er sich lauernd umschaut.

Mit dem unerklärlichen Gefühl, einen Fehler begangen zu haben, werdet ihr euch zum höchsten Punkt der Insel aufmachen, in der Hoffnung, sie wenigstens mit den Augen in Besitz zu nehmen. Von oben jedoch wird euch der Ausblick verschwommen erscheinen, und ihr werdet Mühe haben, euch zu orientieren. Mehr kann ich euch nicht sagen. Als ich, zusammen mit Kommissar Sotiris von der kleinen Gendarmerie in Plakias, dorthin zurückkehrte, war ich nicht in der Lage, irgendetwas wiederzuerkennen. Von Weitem, das muss man zugeben, ähneln die Küsten sich alle. Und doch war ich verwirrt, denn als ich hinuntersah, war ich sicher, dort hinten die niedrige, breite Hütte von Petrou auszumachen, dem faszinierenden und verhängnisvollen Eremiten, die letzte mythologische Gestalt dieses verlorenen Meeres.

Ich weiß nur, dass es an jenem ersten Tag etwa zur Mittagszeit gewesen sein mochte, als ich beschloss, von der Anhöhe hinunterzusteigen. Vor mir öffnete sich ein schmaler Pfad, der in eine auf geheimnisvolle Weise windgeschützte Klamm hinunterführte, üppig bewachsen mit Pinien, Zedern und Ginster. Auch als das Gelände unwegsam wurde, wollte ich nicht umkehren und musste mich an Felsvorsprünge klammern, um das Gleichgewicht zu halten. In regelmäßigen Abständen warf ich einen Blick nach unten, wo die Farbe des Meeres so viel lebendiger schien als die mich umgebende Gegenwart. Ich dachte daran, wie ich versunken in Einsamkeit ein Bad nehmen und vom langen Wandern ausruhen würde, wenn ich nur die Bucht erreichte.

Der Weg schien alles daranzusetzen, mich zu entmutigen. Auf ein Loch folgte ein Graben, noch eine Mulde, weite kahle Lichtungen, von nichts umringt als scharfkantigem, abweisendem Fels, an dem die Füße hängenzubleiben drohten und die Knie aufscheuerten. Trotzdem war ich entschlossen weiterzugehen. Auch weil die Macchia an den abgeschiedenen schattigen und beinahe ebenen Stellen Frische verströmte und einem unerwartete Energien spendete, die einem eben erst genommen worden waren, Energien, die für den Reisenden entscheidend sind. Ich war allein. Mit irrer Freude spürte ich, dass ich mich weit vorwagte.

Vor mir öffnete sich ein schmaler Pfad, der in eine auf geheimnisvolle Weise windgeschützte Klamm hinunterführte, üppig bewachsen mit Pinien, Zedern und Ginster.

Unten war die Luft wieder bewegter, aber nur etwas. Ich fühlte, wie sie meine Arme und den Oberkörper entlangglitt, während ich über den Strand lief und mich meines T-Shirts entledigte. Ich spürte, dass sie auch in meiner Abwesenheit fortbestand, als ich mich in das klare Wasser dieses einsamen Strandes warf und für einen Augenblick alle Gedanken an der Oberfläche zurückließ. Ich nahm ein erfrischendes Bad in der glühenden Hitze des frühen Nachmittags, ließ mich ausgestreckt wie ein Toter im Wasser treiben und richtete den Blick nach oben, gen Himmel und auf den Punkt, wo ich losgegangen war, und es kam mir plötzlich vor, als sähe ich dort jemanden, der von oben das Meer betrachtete. Dann stieg ich aus dem Wasser.

Erst in dem Augenblick sah ich die Hütte. Nicht einmal bei meiner Ankunft hatte ich sie bemerkt, obwohl sie dort gut sichtbar an einem Ende der Bucht stand, aus ergrautem Holz – das Werk des salzigen Windes –, ein Durcheinander aus Blechstücken auf einer Wand und auf dem Dach. Ich bewegte mich auf die Hütte zu, schwächlich und matt wie diejenigen, die aus dem Meer kommen und Mühe haben, den weichen, leicht ansteigenden Sand zu erklimmen. Ich klopfte an die Tür und erwartete, wer weiß, warum, einen Strandkiosk vorzufinden, einen kleinen Laden mit Eiscreme und Bier. Die Tür war offen. Ich trat ein. Ein Alter bereitete Langleinen für den Fischfang vor. »Guten Tag«, sagte ich zu ihm. »Entschuldigung, ich dachte … Ich war auf der Suche nach etwas zu trinken.« Der Alte hob nicht einmal den Blick und deutete auf einen dieser alten gewölbten Kühlschränke mit einem großen vertikalen Griff. Ich öffnete ihn und nahm eine Flasche eiskalten Wassers heraus. Als ich trank, fiel mir wie immer meine Mutter ein, die mich ermahnte, nicht das ganze Wasser aus dem Kühlschrank auf einmal zu trinken. Ich glaube, mir wurde schwindelig. Ich fand mich kurz darauf in einem riesigen Sessel aus Bambus sitzend wieder, etwas entfernt von dem Alten, der weiter seine Fäden knüpfte und sie an großen Angelhaken festmachte, die im Halbdunkel der Hütte das glühende Licht der Hitze draußen zurückwarfen.

»Wohnen Sie hier?«, fragte ich, ohne nachzudenken. Der Alte nickte zustimmend. »Ich heiße Alain«, sagte ich leichthin. »Petrou«, antwortete er mit einer tiefen, metallischen Stimme, die klang wie die künstlichen Stimmen von Kehlkopf-Operierten. Auch meine eigene Stimme klang künstlich, um ehrlich zu sein. Ich sah, wie Petrou aufstand. Ich antwortete auf die Fragen, die er mir nun seinerseits entschieden und eindringlich stellte. Ich erinnere mich, dass ich beinahe immer mit Ja antwortete, als beichtete ich längst vergangene Sünden, und ich erinnere mich an Petrous Silhouette neben einer halboffenen Tür, aus deren Spalt ein gleißendes Licht drang. In diesem Augenblick ergriff ich die Flucht. Ich rannte den Strand entlang, versank bei jedem Schritt in Sand und Salz, es dauerte eine Ewigkeit. Ich bog in den weißen Weg ein, der zum Ufer führte, schlug mich in die Macchia zwischen den Felsenkehlen. Ich traf noch jemand anderen, einen Mann etwa meines Alters, der gerade vorsichtig hinabstieg. Ich rief ihm zu, er solle stehenbleiben, er solle nicht bis zum Meer hinuntersteigen, er solle wenigstens Petrous Hütte nicht betreten. Der Mann ging weiter, als existierte ich gar nicht. Ich sah ihn das letzte Stück zwischen den Pinien zurücklegen, sah ihn in der niedrigen Macchia verschwinden, so sicher und optimistisch wie einer, der den Weg der Erlösung gefunden hat.

Von ganz oben sah ich, atemlos, verschwitzt, keuchend, wie Petrou aus der Hintertür seiner Hütte trat, den Mann an einem seiner großen Angelhaken hinter sich herziehend. Das ganze Meer an dieser Küste war voller umhertreibender Körper. Einige zappelten noch, ohne sich jedoch von den Fäden befreien zu können, die aus ihren Mündern kamen.

Kommissar Sotiris betrachtete mich eine ganze Weile aus seinen halbgeschlossenen blauen Augen und rauchte eine Zigarette nach der anderen, bevor er grußlos wieder das Boot der Gendarmerie bestieg und Zeichen gab, sofort in See zu stechen. Er glaubte kein einziges Wort meiner Erzählung. Aber glaubt mir: Auf der Insel Gavdos, an einem südöstlichen Meerbusen, steht tatsächlich Petrous Hütte. Geht nicht dorthin.

Bekannt auch als Gozzo oder Gaudos. Der südöstliche Ausläufer, Akra Tripiti, ist der südlichste Punkt Europas. Auf der Insel gibt es siebzehn Kirchen, aber nur einen einzigen Pfarrer; eine Schule, einen Lehrer und drei Schüler. Der griechische Diktator Metaxas schickte seinerzeit Hunderte Oppositionelle hierher in die Verbannung – und weniger als zehn Aufseher, um sie zu überwachen.

Beschreibung: Flache Insel, mit einer maximalen Erhebung von 18 m ü. d. M., deren längliche Form mit breiterem Mittelteil sich von Südwest nach Nordost erstreckt, liegt auf der Höhe von Capo Mannu und der Sinis-Halbinsel. **Fläche:** 0,8 km². **Einwohner:** keine, obwohl es immer wieder Bewerber um Aufenthaltsrecht oder Staatsangehörigkeit gibt. **Klima:** für Kurzsichtige und umkämpft.

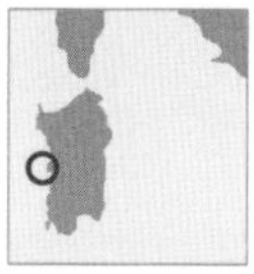

Sardisches Meer

MALU ENTU

39°59'26"N • 08°18'19"O

FORSTPOLIZISTEN und Zollbeamte bringen das Häuflein Unabhängigkeitskämpfer fort, zerschlagen die Lächerlichkeiten, die sie errichtet haben. »Diese Insel gehört mir.« Wem, mir? Die Menschen denken immer im Singular, als wäre alles voneinander getrennt, existierte nur jetzt und hier. Ich erinnere mich an andere Räume und unendliche Zeiten, wo die Gesetze einer geheimnisvollen Physik herrschten. Ich erinnere mich sogar daran, als alles sich noch in einem einzigen Punkt konzentrierte, umgeben vom Nichts. Ich klebte am wunderschönen Mond, zu meiner Rechten hatte ich Proxima, die drängelte, weil die Sonne auf ihren Kopf drückte. Und auch nach dem Knall, als diese Kugel ihren irren Kurs aufnahm und alles auf dieser Kugel noch vermengt, küsste ich den Senegal, Rücken an Rücken mit Amerika, bis man uns langsam, grausam auseinanderriss und wir uns mit einem sehnsuchtsvollen, schier endlosen Blick für immer aus den Augen verloren. Seit Jahrtausenden bewahre ich den Geschmack seiner Küsten, und den anderen ergeht es genauso. Verstreut, auf dem Weg in die Unendlichkeit, sehnsüchtig auf dieses Leben in einer einzigen Umarmung zurückblickend, wer käme da schon darauf zu streiten? Was bin ich winziger Felsen gegen den kosmischen Sinn des Lebens? Alle waren eins, wer kann da heute sagen: »Das gehört mir«? Wer war wer, während alles sich wandelte, und auch jetzt, da ich jedes Jahr drei Zentimeter näher an Sardinien rücke, wo bin ich denn? »Meins« sagt sich leichter als »ich«, doch es ist nichts im Vergleich zu einer Trennung, ohne Lebewohl sagen zu können. Darum schaue ich mit Verwunderung auf diese kleine Schar, die hier auf mir eine Republik gegründet hat. Eine Republik! Was steckt dahinter? Im Namen des Italienischen Volkes ... nie gehört. Arme Irre mit ihren schlechtsitzenden, abgenutzten Uniformen. Wie hässlich sie sind, meine liebe Mutter Erde ...

Auf Italienisch Mal di Ventre, was »Bauchweh« bedeutet. 2008 gründete dort ein Anhänger der sardischen Unabhängigkeitsbewegung die *Repubblica indipendente di Malu Entu*, unter Berufung auf das von der UNO erklärte Selbstbestimmungsrecht der Völker. Bereits zuvor war die Insel einmal Zentrum eines sogenannten separatistischen Komplotts geworden, als Ort, von dem aus die Aufständischen der Welt via Radio die Geburt einer Sozialistischen Republik Sardinien bekanntgeben sollten.

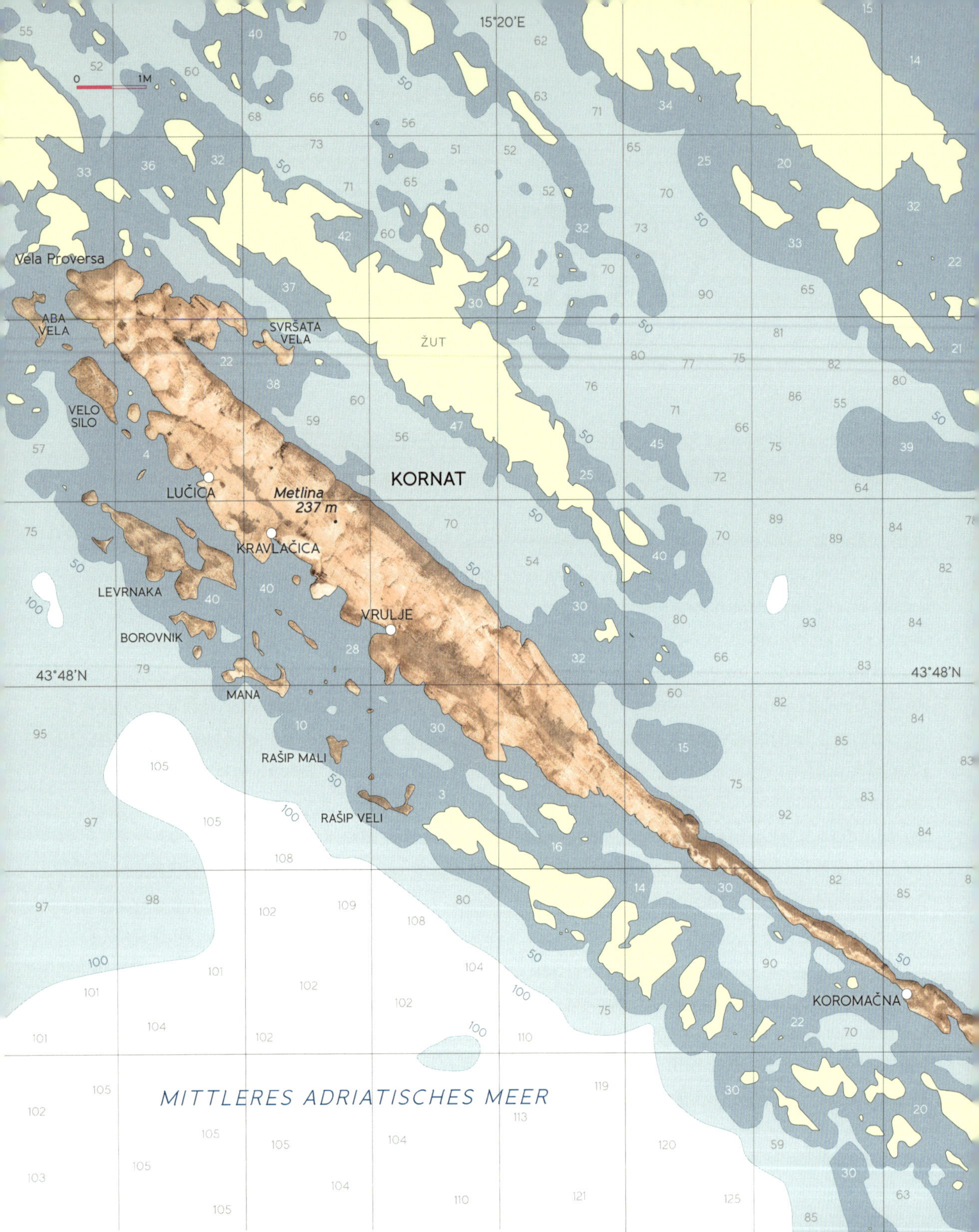

Beschreibung: lange, schmale Insel, von einheitlich gelber Farbe, mit Ausrichtung von Nordwest nach Südost. Sie ist die größte der gleichnamigen Inselgruppe, der zahlenmäßig größten des Mittelmeers. **Fläche:** 32,4 km². **Vegetation:** vollkommen baum- und strauchlos. Einst, so erzählt man sich, grün und üppig mit Wäldern bewachsen, danach Kahlschlag durch den intensiven Schiffsbau der venezianischen Werften im 15. und 16. Jahrhundert. **Einwohner:** Bis in die 1960er Jahre einige Hundert. Heute ist sie unbewohnt. Nur während der Sommermonate beherbergt sie ein paar Militäreinheiten. **Klima:** mittlerweile ruhig.

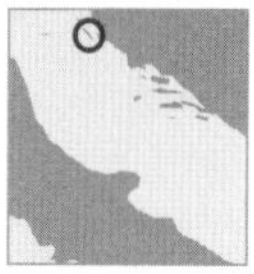

Adriatisches Meer

KORNAT

43°49'33"N • 15°17'38"O

AUS JENER ZEIT besitze ich zwei Bilder, eines aus der Phantasie, das andere ein erlebtes. Das erste zeigt die Eichen von Incoronata. Mein Großvater erzählte, sein Großvater habe sie gesehen, auch wenn die Rechnung für mich nicht ganz aufgeht. Als ich groß war, habe ich ein wenig recherchiert, und bereits zu Zeiten der Republik Venedig waren die Eichen gefällt worden, um Galeeren zu bauen. Doch die Bilder dieser Erzählungen sind stärker. Für mich, der ich verzückt Großvaters Worten gelauscht hatte, war Incoronata ein grüner Wald auf dem Meer. Mein ganzes Leben lang habe ich von diesem Wald geträumt. Als ich die Insel zum ersten Mal gelb und kahl vor mir sah, war ich verwirrt.

Das andere Bild stammt aus einer Zeit etwa zehn Jahr später. Unsere Onkel weckten uns mitten in der Nacht, wir sollten uns beeilen, Papa sei bereits auf der anderen Seite und erwarte uns. Die andere Seite war Italien. Ich dachte sofort an Predrag, meinen geliebten Freund, wir zwei zusammen im Boot, um Makrelen und Tintenfische zu angeln. Konnte ich ihn ohne ein Wort des Abschieds verlassen? Konnte er vielleicht mit uns kommen? Wir liefen geduckt zur Mole und sprangen an Bord, mithilfe zweier Jungen, die ich schon von der Strandpromenade in Zara kannte. Meine Schwester schwärmte damals für einen von ihnen. Ohne Lampen, in der schwarzen Nacht, hatten sie die Segel gehisst, und in der Morgendämmerung hatten wir Vela Proversa erreicht, die letzte Durchfahrt. Die beiden Jungen waren angespannt.

Als ich mich nach Norden wandte, bevor wir ins offene Meer hinausfuhren, bemerkte ich ein Boot mit fünf Personen, vier von ihnen banden dem fünften ein Seil um den Hals, dann stießen sie einen Stein ins Wasser. Ich wusste nicht, wer sie waren, aber Predrag erkannte ich. Er sah mich ausdruckslos an. Dies war die letzte Momentaufnahme meiner Kindheit. Ebenso wie seiner.

Auf Italienisch Incoronata, »Die Gekrönte«. Tausende von Italienern mussten aus Istrien und Dalmatien fliehen, um am Ende des Zweiten Weltkriegs den Verfolgungen unter Tito zu entgehen. Sie ließen alles zurück und bekamen nichts wieder, weder ihre Kindheit noch ihre Unschuld noch ihre Erinnerungen. Viele nahmen dabei gefährliche Überfahrten auf sich, ohne viel Erfahrung und bei schlimmen Witterungsbedingungen. Es war ein dramatischer Exodus, der seine Spuren bei einer ganzen Generation hinterlassen sollte.

Beschreibung: zerklüftete und unregelmäßige Form, mit einer Bucht und einer Mole auf der Ostseite. Bildet mit den umgebenden Felsen und einer mittelgroßen Insel im Nordosten einen kleinen Archipel in den Wassern vor Oran. **Fläche:** circa 0,4 km². **Bevölkerung:** nicht vorhanden. **Klima:** absurd rachedurstig.

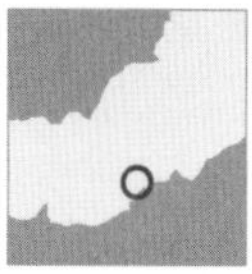

14 Algerien
Al-Jaz ā-ir

Alborán-Meer

HABIBAS-INSELN

35°43'24"N • 01°07'54"W

IN WENIGEN AUGENBLICKEN. In wenigen Augenblicken werde ich hören, wie seine schweren Stiefel über die erste Stufe stolpern, wenn es noch nicht hell genug ist, um sein Gesicht zu sehen, aber spät genug, um zu wissen, wer es ist und warum er kommt. Bald.

Doch an diesem Abend wird er nicht das vorfinden, was er erwartet. Und er wird nicht wieder fortgehen. Seine Silhouette wird sich immer klarer abzeichnen, kurz hinter dem Bretterzaun, von wo aus man das vom Sturm angespülte Treibgut sieht. Und diese Silhouette werde ich bearbeiten, mit dem Kopf und mit dem Herzen, denn ein Projektil, so hat man mich gelehrt, ist nichts Äußeres, es schießt aus dem Innern hervor. So wird diese Geschichte enden. Ein für alle Mal, ein letztes Mal wird die dröge Melodie der Waffen widerhallen, die schon viel zu lange gespielt wird. Hat er noch ein paar weitere Schritte getan, wird ihn der tiefstehende Mond mit Gewalt aus der Dunkelheit reißen und der erste Stein dieser alten Treppe aus der Stille. Und dann werden wir unserem Schicksal begegnen, an der Schwelle dieses alten, verlassenen Leuchtturms, von dem aus das Meer jedem anderen Meer ähnelt, dem in der weiten Bucht von Melilla oder dem in der Bucht der Isla Isabel II, etwas westlich von hier, wo wir uns zum ersten Mal gegenüberstanden. Damals wurde es immer spät, es gab so viel zu tun. Als wir uns trafen, war ich die Einzige, die noch wach war.

Ich setzte mich hier hin. Von Melilla und den Bällchen aus Kichererbsen zu erzählen, die ich in dieser fettigen Kombüse kochte, wird mir helfen, die Wartezeit herumzukriegen, die ohnehin nicht zu lang sein sollte. Genau wie die Erinnerung an den ekelhaften Geruch dieses Schiffes, die Stille und den Schutz, den diese kleine Küchenhölle bot, wenn ich ein paar Stunden alleine blieb, nachdem alle anderen schlafen gegangen waren. Begraben unter diesen Kordilleren aus Kochtöpfen, setzte ich mich und rauchte – endlich in Ruhe – eine Zigarette. Bis er in einer Nacht, in der das Meer zu aufgewühlt war, um nicht schicksalsträchtig zu sein, an Bord kam. Nach endlosen Tagen des Tanzes auf den Wellen aller Meere, nach der Furcht vor jeder Mahlzeit, die ich für diese Horde von Wilden zubereitete, nach dem, was mit dem Schlimmsten von ihnen, dem Kommandanten, vorgefallen war, erschien mir seine Ankunft wie ein Wink des Schicksals. Ebenso sein erster Blick. Konnte ein Mann alles durch einen einzigen Blick verstehen? Gott weiß, wie sehr ich dafür gebetet habe, niemals erzählen zu müssen, was bis dahin geschehen war. Das Schlimmste an der Vergangenheit ist, sie erklären zu müssen.

Von hier aus kann ich nicht hinter den Bretterzaun gucken, der Mondschein erlaubt es mir nicht. Aber mein Blick in die Erinnerung reicht sehr viel weiter. Heute Abend dient jeder weitere Meter, den ich in die Ferne sehen kann, als Anhaltspunkt meines Wartens, wachsen die Möglichkeiten, wenn ich ziele. Ich habe keine Angst mehr. Ich hatte diese Sklaverei nicht verdient, und darum verspürte ich keinerlei Zweifel, obwohl ich keine Ahnung hatte, was danach geschehen würde. Wenn man gewissen Männern folgen will, muss man sich selbst verlieren, auch wenn man immer glaubt, ihnen zu folgen, um sich selbst zu finden. In dieser Nacht schien es mir zum ersten Mal, als wäre ich diejenige, die die Segel trimmte, als ich meine Sachen in ein Bündel schnürte, geräuschlos über die Brücke huschte, mich in das Beiboot hinunterließ und ihn an den Rudern fand. »Er wird uns suchen«, sagte er zu mir, mit diesem Ton zwischen Frage und Gewissheit. »Das kann er nicht mehr«, antwortete ich. Und er lächelte zum zweiten Mal. Mit dem ersten hatte er mein Schicksal gewendet. Wenn ich an diesen Augenblick zurückdenke, als wir uns, von den Wellen geschüttelt, von dem Schiff entfernten, kommt es mir nicht vor wie eine Flucht. Eher so etwas wie Erwartung, als liefe gleich ein schon häufig vor meinen inneren Augen gesehener Film ab. In meinem Rücken fiel eine Tür ins Schloss, und ich schlug einen neuen Weg ein. Jeder Ort wäre besser gewesen als dieser. Ebendies war mein großer Irrtum. Der zweite meines Lebens, nachdem ich an Bord der *Andrej Rublëv* gegangen war.

Von hier aus kann ich nicht hinter den Bretterzaun gucken, der Mondschein erlaubt es mir nicht. Aber mein Blick in die Erinnerung reicht sehr viel weiter.

Wie schön der schwarze Streifen der nächtlichen Küste von hier aus ist. Eine Schande, diese Stille schon bald zu durchbrechen. Eine lässliche Sünde, weil die Stille in wenigen Augenblicken wieder vollkommen sein wird, wenn die letzte Explosion des Gewehrs ihre Schuldigkeit getan haben wird. Nur ein Echo, und das wird für alles gelten: das Vertrauen dieses Abends, die Hoffnungen, die Unschuld. Ein trockener Knall wird die Stille dieses Leuchtturms stören und ein Ende von etwas anderem ankündigen. Die Wartezeit war lang, Jahre, die schnell vorübereilten oder immer länger wurden wie eine Strafe. Zuerst wunderbare Nächte, das Kennenlernen einer neuen Welt, der Bucht von Melilla, die wir im Sonnenaufgang sahen, die unendlichen Worte, an die man glaubte, ohne sie zu hinterfragen. Seine Freunde ... wie viele Menschen kannte er? Vor allem junge Männer, die in ihm ein Vorbild sahen. Wer lügt: der, der spricht, oder der, der glaubt? Wer beherrscht eine Verfolgungsjagd: der Fliehende oder der Verfolger? Ich, ohne Zweifel. Der Schuss, der bald erklingen wird, gilt also mir. So wird die Geschichte enden, mit zwei Toten: er, wenn es mir gelingt, ihn zu treffen, und die

Frau, die ich bisher gewesen bin, selbst wenn ich ihn verfehle.

Auf den Islas Chafarinas lebte ich in einer Blase. Wir badeten im Meer und in der Sonne. Ich betrank mich an Eventualitäten und Suggestionen (»Was wäre, wenn ...«). Und dieses Wort: Gerechtigkeit. Was für ein schmeichelnder Ausdruck. Und das andere: Freiheit. Wie viele Gewalttäter haben sich schon hinter ihm versteckt? Aber ich konnte nicht anders als zu glauben. Für mich, die so fern von diesen Ländern geboren wurde, ohne Ahnung von den Tragödien der Welt, Sklavin meiner eigenen, war es wie eine zweite Geburt. Tod den Franzosen, ich erinnere mich noch, wann ich das zum ersten Mal rief. Meine Stimme klang nicht wie meine eigene, aber darauf achtete ich nicht. Wie viele Männer habe ich seither getötet? Das heiße Blut auf meinen Händen an der Kehle des ersten habe ich nie vergessen. Nach meiner Initiation kamen wir hierher. Genau hier, wo ich jetzt stehe, hat er mich umarmt. Ich zitterte. »Das hast du gut gemacht«, sagte er zu mir. An diesem Abend liebten wir uns, überzeugt, in Sicherheit zu sein, doch im Morgengrauen mussten wir fliehen. Was hatte ich mit diesem Krieg zu tun? Es schien, als wäre dies mein Land, mein Kampf, mein die Eltern, die sie folterten, um uns zu finden. Die Brüderlichkeit, die Mission. Der Feind! Wer einen Feind hat, will alles mit sich selbst bedecken. Das verstand ich in der ersten Nacht, als er seine Genossen in mein Zimmer ließ.

Bald. Das Geräusch wird auf den Anblick folgen, und dann ist alles vorbei. Mein Atem wird regelmäßig sein, weil ich genug Zeit hatte, um es mir auszumalen, um mich zu fürchten, und mein Plan ist in meiner Vorstellung bereits Hunderte von Malen aufgegangen. Die Flucht, das Verwischen meiner Spuren, um mich dann finden zu lassen, ihn genau hierherzulocken. Allein. Auf Habibas, dieser Insel. Ein Paradies, um ihn in die Hölle zu schicken. Der richtige Ort für den letzten Tod. Dann werde ich nach Frankreich fliehen und nicht mehr töten. Braucht es immer ein Blutbad, damit man von der Gewalt ablassen kann?

Es tut mir nur leid, keine Zeit für die letzte Frage zu haben. Was mir von ihm verborgen bleibt, ist die dunkle Seite seines Mondes: seine Verbindungen zum OAS, und dieser Abend, als er beschloss ...

Da ist er ja. Alles erfüllt sich. Ich hole Luft. Schließe die Augen. Und öffne nur eines wieder.

Die Habibas-Inseln haben, wie viele andere küstennahe Inseln im Mittelmeer, eine lange Geschichte der Piraterie, des Brigantentums und Schmuggels. Zu Beginn der 1960er Jahre kamen während des blutigen algerischen Unabhängigkeitskrieges auch Mitglieder subversiver Gruppierungen hierher. Zu einer Zeit, in der die *Organisation de l'armée secrète* (OAS), eine französische, gegen die Unabhängigkeit gerichtete Untergrundbewegung, eines der tragischsten und blutigsten Kapitel in der Zeitgeschichte Frankreichs schrieb.

Beschreibung: südlich von Sciacca, östlich von Monastir, südlicher als Tunis und Algier. Sie ist von länglicher Form, und ihre Umrisse ähneln denen eines Krokodilkopfes. **Fläche:** 20 km². **Einwohner:** Etwa 6.000 gemeldete Bewohner (die nicht die gesamte Bevölkerung der Insel darstellen). **Orografie:** niedrige, flache Insel, kaum höher als 130 m ü. d. M. **Klima:** zerbrochener Hoffnungen.

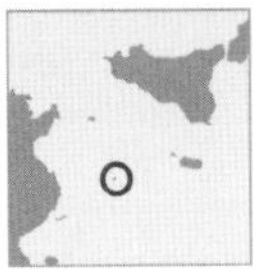

Kanal von Sizilien

LAMPEDUSA

35°30’49”N • 12°35’12”O

»**WAS SOLL ICH IHNEN SAGEN** … diese Insel existiert nicht.« – »Aber wir sind doch hier, hier auf ihr drauf. Wir sind hier angekommen …« – »Ihr seid hier gelandet, nicht angekommen. Auf mit Tod beladenen Schiffen. Mir ist es genauso gegangen.« – »Wann?« – »Ich muss etwa fünfzehn gewesen sein. Ich war in Ketten, so wie ihr, vor ein paar Jahrhunderten.« – »Und warum sind Sie dann nicht wieder fortgegangen? Wir werden von hier fortgehen …« »Ich konnte nicht. Und später habe ich aufgehört, es zu wollen.« – »Fühlten Sie sich hier wohl?« – »Ich habe nur eingesehen, dass es woanders genauso wäre. Vielleicht schlimmer.« – »Schlimmer als im Gefängnis?« – »Freiheit hat nichts mit Ketten zu tun. Ihr werdet es noch verstehen.« – »Wir waren dabei zu sterben. Wir wurden vergewaltigt. Wir mussten fliehen.« – »Mich haben sie auch vergewaltigt. Aber ich habe von hier aus alles gesehen, und es schien mir nicht der Mühe wert.« – »Ist diese Insel eine Grenze?« – »Es treffen sich auf ihr zwei verschiedene Arten der Sklaverei, die sich in ihrer Furchtbarkeit nichts nehmen. Meine scheint zunächst weniger grausam. Eure ist tragisch, sie sucht ihresgleichen. Doch was ihr Freiheit nennt, was ihr auf dieser Insel zu finden glaubt, dieser Metapher eines Kontinents, der euch wunderbar erscheint, ist eine andere Art der Sklaverei.« – »So nehmen Sie uns jede Hoffnung …« – »Es gibt eine Insel, auf der man frei sein kann, aber sie ist sehr schwer zu erreichen. Auf dem Weg dorthin wird man von unendlichen Unwettern gebeutelt. Boote reichen dafür nicht aus. Es tut mir leid: Ihr habt geglaubt, in Europa anzulangen, stattdessen findet ihr euch auf einem Felsen wieder. Wenn man in Sicherheit ist, kann man nicht mehr fliehen.«

Phönizisch, griechisch, römisch, im 18. Jahrhundert von sechs Franzosen kolonisiert, dann von einer Malteser Familie, von englischen Bauern und schließlich von einem Trupp aus Pantelleria unter dem Kommando Ferdinands II. besetzt. 1992 landeten siebzig Maghrebiner dort mit einem Boot an. Die Lampedusaner starteten eine großzügige Kollekte und zahlten den Afrikanern die Fährtickets nach Porto Empedocle. Seitdem sind 400.000 Menschen auf der Insel eingetroffen. 15.000 sind umgekommen bei dem Versuch, sie zu erreichen. Und man denkt daran, dass Lampedusa jahrhundertelang völlige Freizone war: In ihren Buchten durfte niemand seine Feinde angreifen oder von ihnen angegriffen werden.

Beschreibung: fast getrennt in zwei angrenzende Inseln, eine nördliche, bergige und eine im Süden, die bewohnt ist. Zwischen Kefalonia und dem westlichen Teil Griechenlands gelegen und Teil der Ionischen Inseln. **Fläche:** 118 km². **Einwohner:** 3.300. **Bevölkerungsdichte:** 28/km². **Klima:** vielfältig.

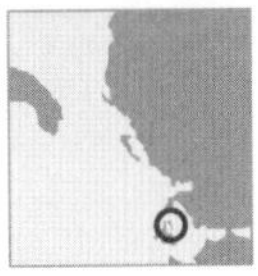

Ionisches Meer

ITHAKA

38°22'27"N • 20°40'26"O

SCHLICHTE GEMÜTER werden bei der Ankunft in Ithaka an Odysseus denken, doch sie verstehen nichts. Zum Beispiel, dass dieser Seemann vielleicht gar nicht in sein Vaterland zurückkehren wollte, sondern vielmehr das Bedürfnis hatte, immer weiter und weiter zu fahren, um den Ursprung aller Abenteuer zu erreichen. Die Route von Anatolien ins Ionische Meer ist Seemännern gut bekannt: Sie kann fünfzehn Tage dauern, wenn man Pech hat, häufiger sind's nur acht. Es mutet seltsam an, dass der erfahrene Seemann dafür zehn Jahre gebraucht haben soll. Ob er sich in Wirklichkeit immer weiter entfernen wollte, während er den Heimweg suchte? Die schlichten Gemüter werden mit diesem Paradoxon nichts anfangen können. Widersprüche sind bei ihnen nicht vorgesehen, und wenn sie, unausweichlich, doch welche erleben, sind sie nicht in der Lage, sie als solche zu benennen. Dazu verdammt, in der Welt nur das zu suchen, was sie bereits kennen (statt die unbekannte Welt in sich selbst), können sie nicht hinnehmen, dass Odysseus zu seiner Penelope – und in die bedrohte Heimat – zurückkehren wollte und zugleich nicht. Sie glauben, der schlaue Grieche habe es versucht, sei jedoch gezwungen worden, sich zwischen Wellen, Circen und Sirenen zu verirren. Mit ihrem sklavischen Geist können sie die Freisinnigen und ihren Impuls, trotz der Erinnerung fortzugehen, einfach nicht verstehen und auch nicht die Faszination, bei Sonnenaufgang in See zu stechen, um dann, am Abend, voller Nostalgie den Anker zu werfen. Und ebenso wenig die Sehnsucht, sich verlieren und gleichzeitig wiederfinden zu wollen. Daher wird die Insel vielen, die das Einfache mit dem Authentischen verwechseln und stolz darauf sind, die eigene Menschlichkeit nicht zu begreifen, ganz anders erscheinen. Die wahre Schönheit Ithakas, dieser Heimat multipler Identitäten, dieses Symbols des echten Lebens, werden sie nicht zu würdigen wissen.

Homer beschreibt sie als flach, am westlichen Rand des Archipels gelegen, doch Ithaka ist bergig und befindet sich im Inneren der Inselgruppe. Strabon (1. Jahrhundert v. Chr.) schlug einen erzählerischen Salto mortale, damit Odysseus' Heimat mit der realen Insel übereinstimmte, tauschte Westen gegen Norden, übersetzte »frei von Erhebungen« mit »nah der Küste«. Doch er überzeugte niemanden. Ithaka ist, wie es sich gehört, ein nebulöser, schillernder Ort, unbestimmt, wechselhaft.

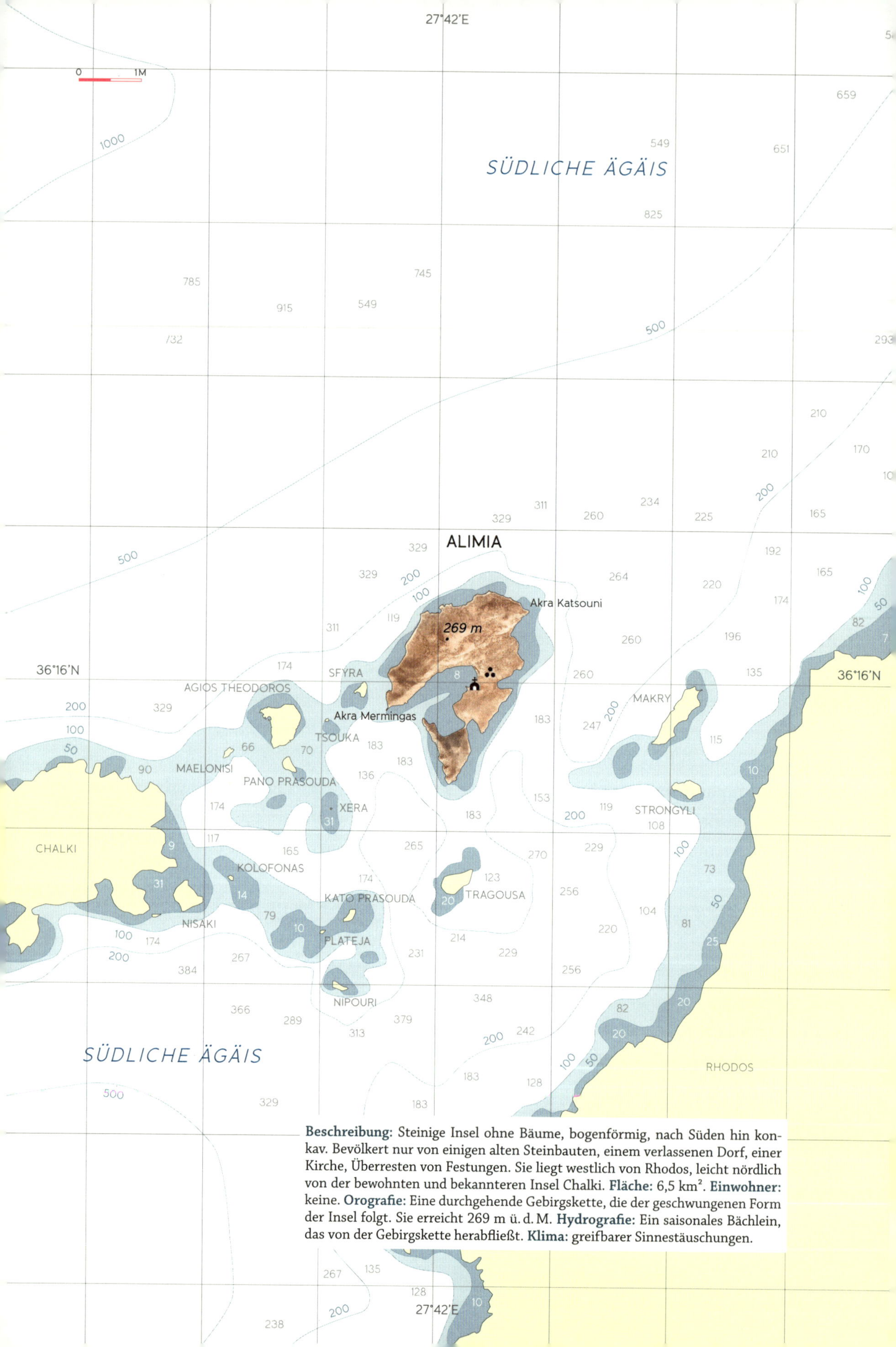

Beschreibung: Steinige Insel ohne Bäume, bogenförmig, nach Süden hin konkav. Bevölkert nur von einigen alten Steinbauten, einem verlassenen Dorf, einer Kirche, Überresten von Festungen. Sie liegt westlich von Rhodos, leicht nördlich von der bewohnten und bekannteren Insel Chalki. **Fläche:** 6,5 km². **Einwohner:** keine. **Orografie:** Eine durchgehende Gebirgskette, die der geschwungenen Form der Insel folgt. Sie erreicht 269 m ü. d. M. **Hydrografie:** Ein saisonales Bächlein, das von der Gebirgskette herabfließt. **Klima:** greifbarer Sinnestäuschungen.

Ägäisches Meer

ALIMIA

36°16’29”N • 27°42’36”O

ÜBLICHERWEISE KOMMT man von Westen. Nachdem man mit einiger Anstrengung dem Wind in der Meerenge nördlich von Chalki getrotzt hat, holt man die Segel ein, fiert auf und ist baff. Mittags liegt die offene Bucht der Insel Alimia unerwartet ruhig da, und die langsamen Windströme lassen den Schiffsbug in unergründliche, aber sichere Richtungen treiben. Darum liegen die Schiffe bald verlassen. Das glasklare Wasser und die leuchtenden Farben wirken wie ein Zauberspruch und zwingen auch die Vorsichtigsten dazu, von Bord zu gehen. Es heißt, dass Piraten, als sie von diesem Phänomen erfahren hatten, beschlossen, sich auf dem Berg zu verstecken, in der Gewissheit, dass sie früher oder später an Bord der unbewachten Schiffe klettern konnten.

Die Crew betritt den Sand, die Erwachsenen ziehen das Schlauchboot an Land, strecken sich in der Sonne aus, rauchen und träumen mit offenen Augen zwischen den Ruinen des alten, heute verlassenen Weilers. Die Kinder, einige von ihnen haben schwimmend das Ufer erreicht, sammeln Muscheln im Sand und stellen sie sich als Ketten vor, sind unfähig zu schweigen und unfähig zu sprechen. Es ist schlicht so, dass sie auf Alimia innerhalb kürzester Zeit aufhören, die Realität zu sehen.

Vor allem die Kleinsten, die einen Blick auf die Gipfelkette werfen, wo sie meinen, die hervorlugenden Köpfe der Piraten zu erkennen. Dann der Blick aufs Meer, das ihnen von unzähligen kleinen Schiffen bevölkert scheint. Dann auf den Sand, wo ihre Phantasie bereits Burgen, hohe Mauern, Wachtürme und verstreute Laufgräben errichtet hat, den einzigen Transportweg für Heere, Waren, Händler. Und sie machen sich an die Arbeit.

Die Sandfläche wird mit Einschnitten durchfurcht. Angedeutete Kanäle, Berge von Treibgut, herumwuselnde Ausgrabungsgruppen. Im Lauf des Tages entstehen Gebäude mit Terrassen und Flaggen, in denen eine wachsame Meute wohnt, die sich durch Erdrutsche baggert, neue Siedlungen in Beschlag nimmt, aus den bedrohten Gemeinschaften flieht, die eines Tages sichere Häfen waren. Es entstehen ungeplant wichtige Küstenstädte, dazu geeignet, bedrohliche Schatten auf die antiken Festungen zu werfen, die hier einst bestanden, deren hohe Türme nicht mehr beeindrucken und deren stolze Bewohner den Verlockungen neuer Herrscher erliegen. Die Kinder graben und beobachten. Sie stehen auf, suchen den Strand ab, machen sich mit Schaufeln und Förmchen zu schaffen, um Medinas und Einfriedungen zu erschaffen, Unmengen von Wachposten um überlaufene Marktplätze voll geschickter Händler und einwilligender Käufer, mit Marktständen bedeckt von Früchten auf Schilfrohrmatten, Massen an Früchten, mit Wasser frisch gehalten.

Aus einem vom Salz glatt geschliffenen Holz wird eine lange, gebogene und breite Brücke, die zum ersten Mal seit Urzeiten die beiden Ufer eines Flüsschens verbindet, das vom Berg hinunterführt. Vorsichtig fahren die armen Süßwassermatrosen, die schon immer in Angst vor dem dunklen, weiten Meer lebten, flussabwärts. Mit ihren Leichtbooten nähern sie sich zu dritt, zu zehnt der Brücke, wo sie erstaunt die ersten Abenteurer bei ihrer Überquerung beobachten. Entlang der Flussufer entstehen in Windeseile die ersten Wohnhäuser, die ersten Läden, die ersten Straßen, die sie bis zu den Dünen flankieren. Es entsteht das Elendsviertel der Stadt, das gleichwohl auch vom Auftauchen der Händler lebt, die Werkzeuge, grobe Wolldecken und Lammfleisch tauschen. Die Kinder beeilen sich, auch für sie Straßen zu der neuen Stadt zu bauen, dieser Wohnstatt des Glücks. Junge Mädchen erwarten auf dem kleinen Platz ihre Liebhaber. Werden sie kommen? Ein Mädchen, das noch niemanden hat, auf den es wartet, zupft auf der Suche nach seiner Mutter die Passanten am Kleid: Wo ist sie?

Ein jeder von ihnen spürt über sich ein Paar noch größerer Hände, die ihn lenken. Hände, die einen auch fallen lassen können.

Aber zwei Kinder, die von den Bauarbeiten ausgeschlossen wurden, werfen Sandbomben, um zu zerstören, was die anderen erbauen. Lautes Weinen bricht los, vermischt mit dem Klagen der Flussfischer auf ihrer eiligen Flucht und dem der verlassenen Liebhaber und dem des Mädchens, das die Eltern verloren hat, während die Piraten vom offenen Meer aus drohen, die majestätische Brücke zu zerstören, wenn nicht gleich die ganze Stadt. Wie die anderen sind auch sie dazu verdammt zu zerstören, wovon sie ausgeschlossen worden sind. Dann senkt sich Düsternis über alles. Es regnet Wasserfälle aus Schlamm, Klumpen aus heißem Pech. Die Stadt leert sich, die Menschen flüchten in allzu großer Eile in die verlassenen Siedlungen. Das Mädchen, das die Mutter sucht, weint ängstlich. Jemand nimmt sie auf den Arm und trägt sie ihrem Schicksal als Waise entgegen.

Das Gezänk lenkt sie ab, der kurze Einbruch der Wirklichkeit reißt sie aus ihrer Phantasie: Die Erwachsenen mischen sich ein, alles scheint sich aufzulösen. Der Traum von einer blühenden Stadt, neuen Völkern, neuen Welten scheint zu verschwinden. Zuerst laufen zwei, schließlich alle mit gesenktem Blick über den Strand, als hätten sie ihr großes Projekt vergessen. Aber nur für kurze Zeit. Die Sonne färbt sich orange und legt sich auf die Umrisse. Jemand bemerkt, dass in der verwüsteten Stadt wieder Waffenruhe herrscht. Einige ruhen sich in den kühlen Behausungen aus dichtem Sand aus. Wegen des auffrischenden Windes flattern die weichen Leinenvorhänge in den Höfen, die Fensterläden aus Holz klappern unablässig in sanftem Rhythmus gegen die weit geöffneten Fenster. Jetzt bevölkern nach und nach wieder kleine Gruppen den Sand, selbst die Ausgeschlossenen, allesamt versuchen in jener unergründlichen Dimension, die sich mit zunehmendem Alter und zunehmender Erfahrung zusammen mit der Unschuld verlieren wird, doch die jetzt, im Augenblick, noch stärker wiegt als die Ernüchterung. Einige, die Übermütigsten, bücken sich, um sorgfältig die Umrisse einer neuen Festung aufzuzeichnen (das braucht es nämlich, um die Vergangenheit zu vergessen: Zukunft!). Um zu wachsen, braucht diese neue Stadt breite, sonnenbeschienene Straßen, weiß von Salz, fest genug für die Wagenräder, Straßen, die man mit den Spitzen von nach und nach Wurzeln schlagenden Palmzweigen beschattet, unter denen die Reisenden Zuflucht suchen werden für ihre Träume und Tauschgeschäfte.

Alles wird wieder aufgenommen. Entlang des Flusses, auf den Straßen, in den großen Räumen des Herrscherpalastes betrachtet man das Meer, studiert die Route für eine Reise. In den Dörfern rund um die Stadt geht das Leben weiter, ein wenig öde, aber nicht mehr vollkommen verlassen, und innerhalb und außerhalb der wieder aufgerichteten Mauern, die noch vom Vergangenen künden, überwacht man ein Meer voller Piraten, die nur darauf warten zuzuschlagen. Und doch wird das Ungemach nicht von ihnen ausgehen, nein, das Verstreichen der Zeit allein wird ausreichen, um den Zauber zu brechen.

Die Schatten werden länger vor der großen Nacht. Kräftigere Sturzwellen zerstören eine Mauer, lassen die Bastionen erzittern. Wie lange wird diese glänzende Stadt standhalten? Auf den Aussichtstürmen beben auch die Leutnants zur See, so heftig und immer heftiger wütet das Meer. Sie heben die Blicke zum Himmel und sehen die Kinder, die man bereits zu den Booten zurückgerufen hat. Auch die Kinder heben die Blicke und sehen die Erwachsenen. Auch die Erwachsenen, die am liebsten hierbleiben würden, schauen nach oben. Ein jeder von ihnen spürt über sich ein Paar noch größerer Hände, die ihn lenken. Hände, die einen auch fallen lassen und noch größeren Titanen ausgeliefert sind, und diese wieder anderen, wer weiß, bis wohin, bis in welche Sternenstädte hinauf, bis zu welchen märchenhaften Sandschlössern im Universum.

Auch Almia oder Limonia, meist Alimnia genannt. Eine kleine Gruppe amerikanischer Touristen berichtet, sie hätten die Ruinen des verlassenen Dorfes besucht und dort eine düstere Vorahnung gehabt. Das Schiff, das sie nach Chalki zurückbringen sollte, verspätete sich. Die Reisenden verstummten, blickten suchend um sich. Alle dachten im selben Augenblick an den Film *Picknick am Valentinstag*. Später erzählten sie, sie hätten sich aus der Höhe beobachtet gefühlt.

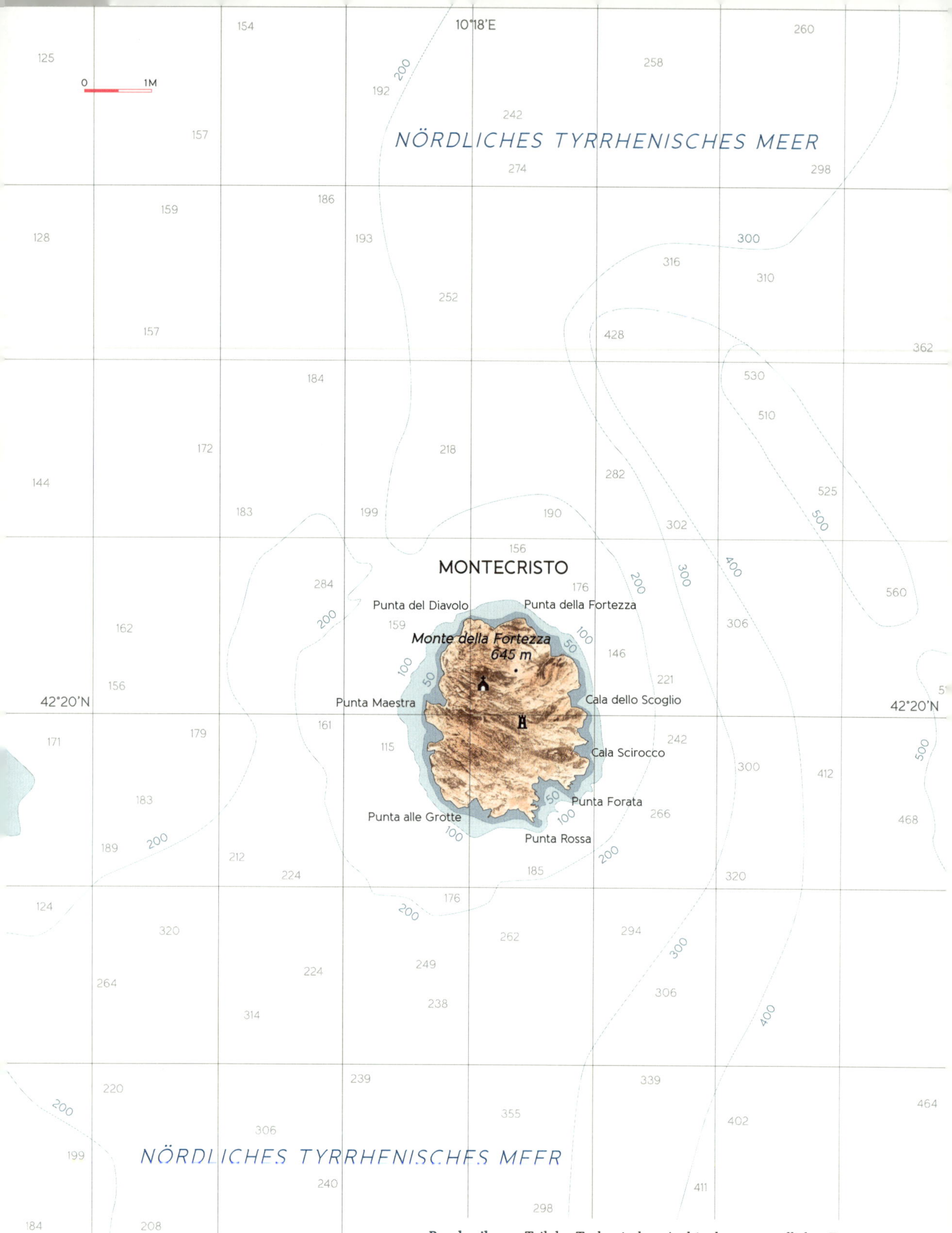

Beschreibung: Teil des Toskanischen Archipels, von rundlicher Form und felsiger Anmutung, mit niedriger, spärlicher Vegetation, abgesehen von einigen Stellen. Sie besitzt keinerlei Buchten. **Fläche:** 10 km². **Einwohner:** keine, abgesehen von den gelegentlichen Wildhütern. **Orografie:** Die Insel ist ein einziges bergiges Massiv, das über 645 m ü. d. M. erreicht. **Klima:** feierliche, respektvolle Abgeschiedenheit.

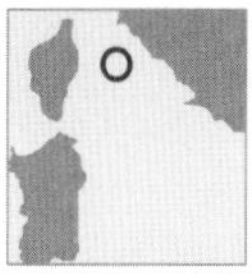

Tyrrhenisches Meer

MONTECRISTO

42°19'57"N • 10°18'43"O

»**SPRICH.**« Der Informant, beinahe so tief gebückt, dass er mit der Stirn seine Knie berührte, sprach, ohne einmal den Blick zu heben. Niemand, sagte er sich, hatte es je gewagt, dem großen Reis in die Augen zu schauen. Der zitternde Mann beschrieb das Kloster, erzählte von den Gerüchten über einen Schatz. Er sprach von einem Abt, einem schweigsamen Mann, der alleine auf dem steilen Berg wohnte. Reis schien nachzudenken. Eremiten hatten ihn immer fasziniert, sie lebten abseits vom Durcheinander, waren unempfindlich gegen die Ödnis des Lebens. Er betrachtete die Flammen der Kerzen, und ihm kam eine Idee. Die beiden Offiziere, die im hinteren Teil der Kabine standen, sagten die ganze Zeit kein Wort.

Am nächsten Tag griff Turgut Reis an. Zehn Schiffe, eine nächtliche Landung, so überraschend, dass keine Zeit blieb, die Kohlenbecken anzufeuern, die sofort von Turguts Wachen, den *matasiete*, und den Bogenschützen, den *azappi*, wieder gelöscht wurden. Rasch stießen sie in alle Winkel vor, brandschatzten und plünderten, legten Priester und Bauern in Ketten und luden sie alle auf Schiffe.

»Hier ist kein Schatz.« Der Offizier wirkte bestürzt, er hielt den Blick zu Boden gerichtet, aber ein wenig nach vorn, damit es nicht allzusehr auffiel. Hier ist kein Schatz, weil es gar keinen Schatz gibt, dachte der Reis. »In zwei Stunden wird ein Trupp den Berg erklimmen«, fuhr der Offizier fort, »bis hinauf zum Abt. Nur dort kann er sein.« »Es gibt keinen Schatz. Brechen wir auf.« Der Offizier zögerte. Er hätte gerne nach dem Grund für diese Entscheidung gefragt, den Reis an die Geschichten und Gerüchte erinnert. Stattdessen drehte er sich um, erteilte heiser brüllend seine Befehle. Bei Sonnenaufgang stachen sie in See. Über der Insel stieg Rauch auf. Turgut warf einen Blick auf den Gipfel. »Jetzt gehört sie dir«, murmelte er vor sich hin. Er kehrte nie wieder nach Montecristo zurück. Den Schatz hat niemand je gefunden.

1553 machte der Pirat Turgut die Insel dem Erdboden gleich, bereitete der heiligen Geschichte des Konvents von San Mamiliano ein Ende und verschleppte die gesamte Bevölkerung. Darunter ein Mönch, der viele Jahre dort als Eremit gelebt hatte. Den Schatz, von dem Dumas später in seinem berühmten Buch erzählen sollte, hat es wahrscheinlich nie gegeben. Es sei denn, es handelte sich um den, der 2004 in Sovana (Provinz Grosseto) unter dem Altar der gleichnamigen Kirche von San Mamiliano gefunden wurde.

Beschreibung: pistolenförmige Insel, die, wie es der Zufall will, Richtung Mittlerer Osten zeigt. Wenig mehr als ein Felsen, aber die einzige Insel, die man entlang der südöstlichen Küste des Mittelmeers als solche bezeichnen kann. **Fläche:** 0,02 km². **Einwohner:** keine. Die einzigen Besucher sind die Geister der Toten. Oder die Badenden, die im Sommer von Abukir aus herüberschwimmen. **Klima:** geeignet für Kataklysmen und den unbeirrbaren und stürmischen Lauf der Zeit.

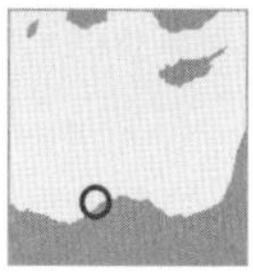

19 Ägypten *Mişr*

Levantisches Meer

NELSON-INSEL

31°21'30"N • 30°06'23"O

NELSON WURDE BEWUSSTLOS auf den Tisch gelegt. Kurz darauf kam er wieder zu sich. Die Wunde über seinem gesunden Auge blutete stark. Eine Ladung *langrage*, ein niederträchtiges Gemisch aus Steinen, Blei und Eisen, blindlings an Deck geschossen. Franzosen, vulgäre, ehrlose Leute. »Wer hat das Kommando? Wo ist die *Bellerophon*, fährt sie zur Hölle? Und die *Orient*, wurde sie versenkt?« Der Wundarzt nickte. Die Kanonaden erschütterten die *Vanguard*, das Flaggschiff.

Wochenlang hatte die englische Flotte, vierzehn drittklassige Schiffe, Doppeldecker mit vierundsiebzig Kanonen, die Franzosen zwischen Malta, Afrika und dem Bosporus verfolgt. Dann hatte Nelsons Intuition entschieden: Alexandria. Er hatte zwei Befehle gegeben: sofort in See zu stechen und direkter Angriff bei Sichtkontakt. Der Lord High Admiral, der ihm das Kommando übertragen und ihn damit erfahreneren Offizieren vorgezogen hatte, hatte sich nicht in ihm getäuscht. Sie nannten ihn den »geborenen Jäger«.

»Kommandant Foley, Sie haben ausgesagt, dass die Taktik, die Schlachtschiffe *Audacious*, *Theseus* und *Orion* zwischen die französische Ankerlinie und die Bucht zu schicken, die sich als siegbringend herausstellen sollte, nicht von Admiral Nelson angeordnet, sondern von Ihnen und einigen anderen Kommandanten befohlen worden sei. Können Sie das bestätigen?« Nelson verfolgte die Befragung von der ersten Reihe des Saals aus mit regloser Miene. Zu dem Anlass hatte er sich die Binde abgenommen, die er noch immer trug, vielleicht um die Narbe auf seiner Stirn deutlicher zur Schau zu stellen. Tom Foley verneinte und überließ damit Ruhm und Ehre dem Helden der Schlacht. Auch wenn alle wussten, wie es sich wirklich zugetragen hatte.

Auch Gaziret Dusuqi oder Jazīrat Disūqī genannt. Der Ägyptologe Paolo Gallo hat hier Überreste einer großen makedonischen Siedlung von Häusern mit Bädern, einer mächtigen Festung, eines Leuchtturms, eines dorischen Tempels und einer monumentalen Zisterne entdeckt und vermutet, dass die Insel zu Zeiten Herakleions mit der Halbinsel von Abukir verbunden war. Gallo fand auf der Insel zudem einige Gräber, die angeblich auf die Seeschlacht bei Abukir zwischen Britischer und Napoleonischer Flotte (1798) datieren. Für Horatio Nelson war es das erste Kommando über eine Flotte, *band of brothers* genannt, wegen der gut eingespielten und herzlichen Beziehungen unter den allesamt jungen Kommandanten.

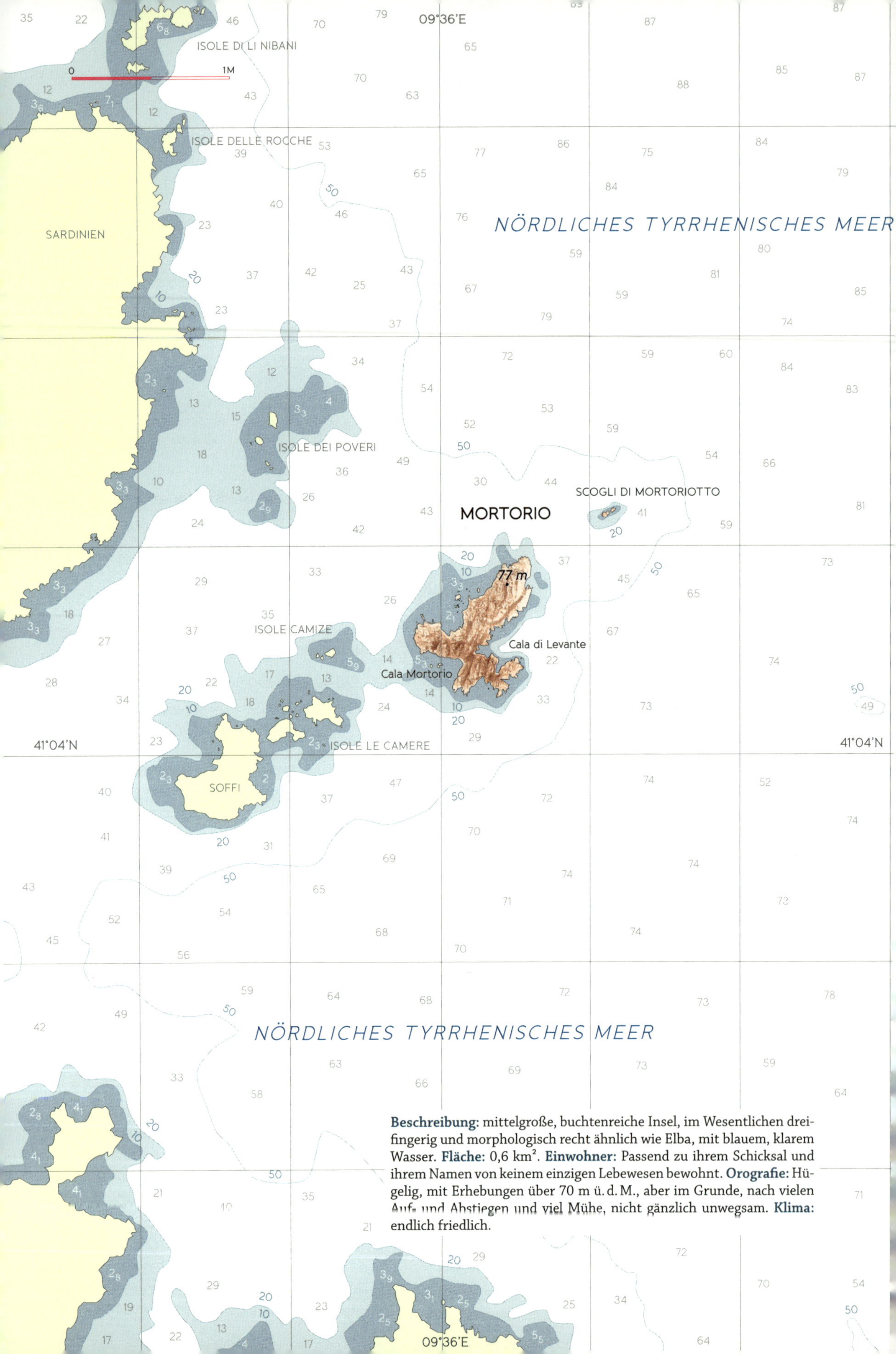

Beschreibung: mittelgroße, buchtenreiche Insel, im Wesentlichen dreifingerig und morphologisch recht ähnlich wie Elba, mit blauem, klarem Wasser. **Fläche:** 0,6 km². **Einwohner:** Passend zu ihrem Schicksal und ihrem Namen von keinem einzigen Lebewesen bewohnt. **Orografie:** Hügelig, mit Erhebungen über 70 m ü. d. M., aber im Grunde, nach vielen Auf- und Abstiegen und viel Mühe, nicht gänzlich unwegsam. **Klima:** endlich friedlich.

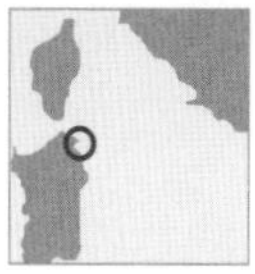

Tyrrhenisches Meer

MORTORIO

41°04'33"N • 09°36'11"O

WENN MAN VOM FERNEN Kythira, dem Ort allen Ursprungs, hier ankommt, gewinnt man allmählich den Eindruck von Vorbestimmtheit, eines blinden Dranges weiterzumachen. Die Insel, auf der sie zur Welt gekommen sind, reicht mit ihren verlassenen Straßen nicht aus, um die Leere der Reisenden zu füllen, die auf der Suche nach menschlichem Leben fliehen und sich in alle Richtungen zerstreuen, bis sie den ständigen Wechsel hassen lernen. In manchen Lebensabschnitten besuchen sie Lokale, in denen die Gäste dicht gedrängt stehen und man jedwede Art illegaler und gesundheitsschädlicher Waren erwerben kann, sinnlos streifen sie durch die träge, schwankende Menge, zwischen engen Gassen und niedrigen Häusern, und früher oder später wenden sie sich verzweifelt der Peripherie oder der Einöde zu. Die Insel Mortorio, der Ort des Schicksals, der ihnen das ganze Leben lang Rätsel aufgibt, ist in der Tat kein Ort, den man ansteuert, um zu bleiben, sondern der Endpunkt einer langen Reise, die man ohne jede Ahnung eines Ziels begonnen hat.

Für jene, die sich auf dem Landweg fortbewegen, entpuppt sich die Strecke nach Mortorio als unwegsam. Der Insel vorgelagert befindet sich eine große, flache, grün-ockerfarbene Macchia, ebenfalls eine Insel, aber den Dimensionen und ihrer Natur nach dem Festland viel ähnlicher. Wenn man die Hügel des Sinis betritt und der Täuschung erliegt, bereits angekommen zu sein, trifft man auf tausenderlei Schwierigkeiten und Überraschungen. Zuerst einmal bemerkt man, dass man alleine ist. Ein Teil der Gruppe hat beschlossen, auf Kythira zurückzubleiben, Insel der einsamen Nächte, die die Träume der Fremden verschluckt. Viele andere verteilen sich auf die Inseln des Archipels, überzeugt, ihr Zuhause gefunden zu haben. Auch darum erliegen sie, wenn sie die Region des Supramonte erreichen – eine grüne und raue Gegend –, seinen Versprechungen trügerischer Zufluchtsorte. Niemand, der die Sinis-Halbinsel überquert, lässt Serpeddi hinter sich, ohne der eigenen Einsamkeit gewahr zu werden.

Ab da steigt man hinauf und hinunter, quert das kleine Salinental, rastet im Dorf Laconi, dicke, kleine Hochlandhirten, und neigt dazu, lange Unterhaltungen mit den vereinzelten Wanderern zu führen, die keinerlei Sprache verstehen. Eine Weile unterbricht die Straße ihre schlängelnden Windungen zwischen den Steinbänken und wird erst wieder auf dem höchsten Plateau gangbar und gerade. Nach so langem Aufstieg – nebensächlicher, aber notwendiger Teil der Askese – hat der Reisende den Eindruck, er habe das schwierigste Stück des Weges bereits zurückgelegt und fällt in einen regelmäßigen Schritt neuer Hoffnung.

Für viele geht die Reise dennoch nicht weiter. Im Dorf Carbonia, am Hang des Berges Su Sturnu, verlieben sich die meisten in die schöne Tecla, Verkäuferin aller Arten von Tee, zubereitet mit den Kräutern der unzugänglichen Gipfel. Einige glauben, auf diesem Boden das zu finden, wovon in den heiligen Fragebüchern zur Firmung die Rede ist. Sie bleiben stehen, um sich mit Tecla zu unterhalten, ruhen unter dem Dach aus Weidenzweigen, das sanfte Schattenspiele auf die Matten und die Tapete ihrer Lehmhütte wirft, schlafen ein und träumen von den verlorenen Nächten und Tagen des Verlangens. Aus diesen Träumen gelingt es den meisten nicht, wieder zu erwachen, und selbst wenn es ihnen gelingt abzuschütteln, was die obskuren Trünke der Zauberin ihnen eingeflößt haben, bleiben sie für immer Untertanen von Teclas vorgeblicher Dienstbarkeit. Wer Tecla von Ferne betrachtet und in ihren geschmeidigen Zügen die Ähnlichkeit zu anderen, während der langen Wanderschaft getroffenen Figuren erkennt, passiert Carbonia mit heiterem Blick und ohne Bedauern. Denn genau von diesen tödlichen Gefühlen ihrer Anhänger nährt sich Tecla, bis sie sie für immer auslöscht. Nach dem Felsen von Su Sturnu löscht eine nie versiegende Quelle zum letzten Mal den Durst des Reisenden. Wenn man sich im Windschatten des Begreifens umschaut, hört man die bis dahin stillen Klagen der Opfer Teclas, die in die Nacht hinausschreien und mit dem feuchten Dampf ihres Atems Federwolken erzeugen.

Als sie erfahren, dass die Reisenden zum Meer weiter wollen, versuchen die Bewohner von Tula, es ihnen auszureden.

Von dort aus beginnt der Abstieg zum Meer. Man dreht dem Ziel den Rücken zu, um die vertikal abfallenden Felsen des ersten Höhensprungs zu überwinden. Man isst die Pflaumen von Lagomannu, einer seit fernen Zeiten verlassenen Stadt, von der man sagt, sie werde einzig von jenen bewohnt, die sich dem Ziel ihrer Reise bereits so weit genähert hätten, dass sie sich an den Anfang zurücksehnten und wünschten, das Ende sei fern. Man sucht lange nach dem Weg in den steilen Wäldern von Bosa, wo die Sonne Mühe hat, zwischen den durch die nahen Gewässer bewegten Korkeichen vorzudringen. Schließlich gelangt man nach Tula, zu den grünen Tälern und dem See, wo die wenigen Einwohner den Fremden aufnehmen und die Geschichte einer von der Welt abgeschnittenen Erde erzählen. Als sie erfahren, dass die Reisenden zum Meer weiter wollen, versuchen die Bewohner von Tula, es ihnen auszureden. Einer von ihnen weint, und zu mehreren unternehmen sie alles Mögliche, die Aufbrechenden mit Gewalt zu hindern, aber auch mit der Liebenswürdigkeit und dem Mitgefühl, das sie als Hüter einer seltenen, zeitlosen Weisheit kennzeichnet. Sie sind die Geschöpfe der Vorsehung, die manch einer »Wächter« nennt, Eingeweihte des Schicksals, weil sie dem Ziel seit Ewigkeiten schon nahe sind.

Wer bis hierhergekommen ist, kann jedoch nicht stehenbleiben. Er passiert Coghina, Giagone, Su Carru und Forru Malu und lauscht noch lange aus der Ferne den immer wieder abbrechenden Klagegesängen der Frauen von Tula. Endlich tritt man aus der Macchia heraus, schlägt den kaum sichtbaren Pfad zwischen den Rosmarinsträuchern, dem Ginster und der Myrte ein und spürt zum ersten Mal eine außergewöhnliche Erregung. Im Rücken sind noch immer die Gesänge der Frauen zu hören, und durch die Nase des Reisenden strömt wohltuend die salzige Luft, die ins Landesinnere zieht.

Am Ende entdeckt der Reisende, erschöpft, aber neu belebt, ganz in der Nähe die weiße Gräte von Capricciolí, Zeichen für das Landesende und Anfangsgrund des beginnenden Wassers. Von oben wirkt der Strand wie ein Halbmond, hier und dort mit einem vom Ostwind zurückgelassenen Algennetz gestreift. Der Hafen ist oftmals ruhig und geschützt, und man sagt, er sei für diejenigen unsichtbar, die vor ihm kreuzen, sei reserviert für diejenigen, die das ganze Territorium der Existenz durchschritten haben. Das letzte vollkommen windstille Stück legt der Reisende in mystischer Einsamkeit zurück, in bestürzter Bewunderung, während die Klagen aus Tula, wenngleich in der Ferne, rhythmischer und eindringlicher werden und der Sand von Capriccioli ihm die Füße wärmt.

Mit einem Gefühl von Entsetzen und grimmiger Freude entledigt sich der erschöpfte Reisende all seiner Kleidungsstücke und stürzt ins kristallklare Wasser, getrieben von der Illusion, Mortorio, die letzte Insel, schwimmend erreichen zu können. In diesem Augenblick, pünktlich seit Anbeginn der Zeit, verstummt die Klage der Frauen von Tula auf einen Schlag.

Kurz vor dem Jahr 1000 n. Chr. musste Genua einen schweren Angriff der Sarazenen hinnehmen. Es war der Beginn der großen Seemacht der *Superba* (Beiname Genuas), die sich innerhalb kürzester Zeit beweisen sollte. Die Genuesen eroberten das Meer und verfolgten die Angreifer in einem spannenden nautischen Duell. Sie holten sie ein, versenkten ein Schiff nach dem anderen, und auf dieser Insel stapelten sie die Leichen ihrer Feinde.

Beschreibung: längliche und vertikale Form, bergig und kahl, oft windgepeitscht. **Fläche:** 100 km². **Einwohner:** 1.608. **Bevölkerungsdichte:** 16/km². **Klima:** Gedrückt wegen der Gewissensbisse. Feucht vor Bedauern. Überschwänglich in der Hoffnung auf eine unmögliche Rettung.

Ägäisches Meer

KYTHNOS

37°24'21"N • 24°25'46"O

UM DIE BUCHT VON KOLONA zu erreichen, muss man in der Lage sein, durch messerscharfe Böen zu navigieren. Aus Südwesten kommend, muss man die Höhlen der Mani-Piraten passieren und eine Kerze in der orthodoxen Kapelle von Porto Kagio entzünden. Oder es schaffen, die Seherin von Pefkos oder die Nymphe von Bencik hinter sich zu lassen. Wenn auf den letzten Seemeilen der Wind abflaut, bedeutet das, dass sich wieder einmal alles bewahrheitet. Die Bucht von Kolona wird auftauchen wie ein doppelter Halbmond im dichten Dampf anbrandender Wellen. Wem es gelingt, die beiden gegenüberliegenden Becken zu erreichen, hat all seine Spuren erfolgreich verwischt und wird nie mehr gefunden.

Dafür ist die Bucht berühmt, und darum wird sie von ehebrecherischen Liebhabern und korrupten Politikern frequentiert – mit unterschiedlichen Auswirkungen. Für jeden in den vorgelagerten Gewässern der Polizei entwischten Politiker intonieren die anderen kriegerische Begrüßungshymnen. Den Liebenden jubelt niemand zu: Die Politiker bemitleiden sie, und die anderen Ehebrecher zeigen sich gleichgültig. Das kommt wahrscheinlich daher, dass die Korrupten, die allein von der staatlichen Gerichtsbarkeit verfolgt werden, sich in Sicherheit wähnen, die Ehebrecher hingegen wissen, dass sie ihrem eigenen Gewissen nicht entkommen können. Jeder Neuzugang ist darum eine Bestätigung für die erste Gruppe und eine Strafe für die zweite.

In langen Mondnächten kann man die einsamen Liebenden sehen, die vor dem einzigen erleuchteten Lokal auf- und abgehen. Sie werfen trunkene Blicke Richtung Horizont, die unüberwindbare Mauer, die sie von ihrer Vergangenheit trennt. Sie schreiben unaufhörlich und suchen nach unbekannten Worten, um einen verspäteten und nutzlosen Dialog über die Liebe zu vollenden. Mehr als an ihrer Schuld leiden sie daran, verlassen worden zu sein.

Jahrhundertelang musste die Insel Überfällen von Piraten standhalten, bis sie 1537 von den Reis Khair ad-Din Barbarossa und Turgut restlos zerstört wurde. 1862 lehnte sich dort eine kleine Gruppe junger Offiziere im Exil gegen den bayerischen König Otto I. von Griechenland auf, was sie alle im Namen der Demokratie und des Vaterlands mit dem Leben bezahlten.

Beschreibung: Man sagt, der Name der Insel komme von ihrer kreuzähnlichen Form, die unseren Vorfahren noch deutlicher erschien als uns, die wir sie von oben sehen können. Mit zwei offenen Buchten Richtung Mistral und Gregale und keiner einzigen Bucht im Süden ist sie bei Nordwind kein allzu bequemer Unterschlupf. Die Insel ist sehr grün, wie ihre Schwestern von den Îles d'Hyères, allen voran die Île de Porquerolles. **Fläche:** 7 km². **Orografie:** höchste Erhebung bei 200 m ü. d. M. **Einwohner:** 32. Plus 2. **Bevölkerungsdichte:** 4,6/km². **Klima:** fatale Neutralität. Die früher oder später enden wird.

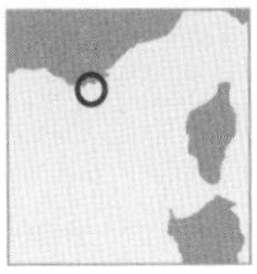

22 Frankreich *France*

Ligurisches Meer

PORT-CROS

43°00'14"N • 06°23'48"O

TAGS ZUVOR merkt man noch nichts. Alles ist genau wie gestern, die Luftfeuchtigkeit nimmt ab, die Stadt ist noch immer da. Der Barista ist zufrieden, Paris Saint-Germain hat gegen Manchester United gewonnen. Der *Figaro* berichtet darüber im unteren Teil der Titelseite. Kurz zuvor ist ein Taxi eilig durch die Avenue des Ternes gebraust, und Albert hat seinen leichten Luftzug gespürt. Sein Fahrrad geriet ins Schwanken, dann rollte es weiter in seinem prekären Gleichgewicht. Bis zur Bar.

An den meisten Tagen spürt man die Zukunft nicht. Das Gehirn erkennt keine Vorzeichen, der Körper hat keine Vorahnung. Das, was nicht geschehen ist, existiert nicht. Noch nicht. Albert passiert einen Laden. Ein schwarz gekleideter Verkäufer starrt reglos in die leere Spiegelung. Die Glastür verdoppelt das Bild seiner kurzen Haare, seines schwarzen Rollkragenshirts, seines glatten schwarzen Anzugs. In den Läden der Innenstadt sind die Verkäufer viel modischer angezogen als die Kunden. Es sind nur wenige Leute unterwegs. Es ist Montag. Albert bremst, steigt vom Fahrrad. Schließt die Kette an. Betritt die Bar. Wenige Worte. Wenige Gäste. Der *Figaro*. Er trinkt einen Kaffee. Geht hinaus. Sieht wieder das Schaufenster. Den Verkäufer.

Am Tag vorher bemerkt man keine Vorzeichen, hat keine Ahnung. Man weiß nicht einmal, ob dies nun der Tag vorher ist oder noch nicht. Eine Nacht voller Träume von Bildern, die niemals verblassen. Eine Nacht ohne Erholung. Ein Taxi auf der Allee. Isabelle schaut aus dem Seitenfenster, sie sieht das Fahrrad nicht. Dann steigt sie aus, den Blick zu Boden gerichtet. Wenn sie es beschreiben sollte, könnte sie nicht sagen, woran sie in diesem Augenblick denkt. Die Spiegelung, der Anblick des Schaufensters. Sie geht nicht mehr einkaufen. Höchstens stürzt sie ab und zu los, um Essen zu beschaffen. Etwas Außergewöhnliches, selten Fertiggerichte, die Appetit machen. Beinahe immer gesundheitsbewusste Zutaten für irgendein neues Gericht, das sie an einem bewölkten Nachmittag kocht. Mit den Freundinnen redet sie. Mit den Männern immer weniger. Sie bleibt so lange stumm wie möglich, bis die Blicke beginnen, sie prüfend zu mustern. Dann genügt eine Entgegnung, ein Lächeln und ein Wort der Zustimmung, um Aufmerksamkeit zu heucheln. Die Blicke lösen sich, werden abgelenkt. Isabelle hat kein Auto mehr. Sie hat es für wenig Geld verkauft, obwohl es gut in Schuss war. Sie hat es lange nicht benutzt, und es so zu sehen, voller

Staub, machte sie traurig. Sie betritt die Bar. Wenige Leute. Ein Espresso. Der *Figaro* aufgeschlagen auf dem Tisch. Wie viel macht das? Auf Wiedersehen. Und wieder draußen.

Du weißt nicht, was geschehen kann. Ein Wort, Jahre zuvor ausgesprochen, bleibt in der Luft hängen. Arbeitet, arbeitet, arbeitet. Ein Gesicht, das einen begleitet, obwohl es längst fort ist. Viele Jahre später geschieht etwas, von dem man nicht weiß, woher es kommt. »Wenn du nicht existierst, bist du nicht da«, denkt Isabella, wühlt in ihrer Handtasche, schlägt ein Notizbuch auf, schreibt den Satz nieder. Blättert einige Seiten zurück und betrachtet ihre Handschrift, nicht das, was sie geschrieben hat. Etwas liegt in der Luft. Aber wird es geschehen? Auf dem Heimweg, kurz vor Sonnenuntergang, streift sie ein Fahrrad. Isabella hebt nicht den Blick, steigt in ein Taxi. Wenn man nicht da ist, kann man nicht sehen.

Jetzt lebt sie im Anderswo, es heißt Port-Cros. Ein Urlaub, der nie zu Ende ging. Sie schließt die Augen, der gleiche Traum seit Kindertagen.

Albert erreicht den Wohnblock, schließt das Fahrrad an einen Pfosten. Geht hinauf. Setzt sich. Die fehlende Nachtruhe und die morgendliche Schlaftrunkenheit machen langsam der Nüchternheit Platz, die nötig ist, um arbeiten zu können. Finger auf den Tasten, automatische Bewegungen. Die Augen braucht er nicht, wenn es nur darum geht, die immer gleichen Bewegungen zu vollführen. Er braucht sie zum Sehen. Albert weiß nicht, wie Blindsein geht. Dreimal schweifen seine Gedanken ab; dreimal erreichen sie den kleinen Hafen mit den Palmen in Südfrankreich: Port-Cros, aber das weiß er noch nicht. Bis er eines Tages losfährt. Es ist kein Urlaub, keine vorübergehende Abwesenheit. Heute, Jahre später, ist er anders gekleidet. Er spricht mit einem Mann. Fragt nach den ankommenden Gästen. Hinter ihm liegt ein Boot, das an der Mole vertäut ist. Eine Frau kommt vorbei, mit einem großen Sack Laken zum Waschen. Eine Katze ist auch da. Jetzt, am Abend, fährt er nicht mehr mit dem Fahrrad nach Hause. Er ist müde. Zum Schlafen muss man müde sein. Darum schläft Albert jetzt ein. In Paris brauchte er dazu Stunden und viele Bücher. Hat es die Tage, an die man sich erinnert, wirklich gegeben? Schlaflosigkeit bedeutet nicht, dass man nicht schläft. Zweimal fliegen die Gedanken davon. Ohne zur Erde zurückzukehren.

Isabelle schaut heute einen Film. Einige Szenen rühren sie. Dann verbietet sie sich die Tränen, steht auf, holt etwas aus dem Kühlschrank. Hier zu sein. Wie oft hat sie sich ihr Anderswo vorgestellt? Jetzt lebt sie in diesem Anderswo, es heißt Port-Cros. Ein Urlaub, der nie zu Ende ging. Sie schließt die Augen und gleitet hinüber in den Traum, der seit Kindertagen immer der gleiche ist. Aber das fällt immer wieder dem Vergessen anheim. Es würde genügen, sich am Morgen an ihn zu erinnern.

Albert und Isabelle haben einander in Paris gestreift, auf dem Fahrrad, vor dem Schaufenster, auf der Bank, auf dem abendlichen Heimweg, jahrelang. Wenn das Bild auftaucht, weiß man nie, was es ist. Ob es einen betrifft oder nicht, kann man nicht wissen. Was Albert geschieht, meinen alle zu kennen. Was mit Isabelle geschieht, hat etwas mit dem Vergehen der Zeit zu tun. Der Unterschied zwischen Mann und Frau.

Er hat alle Spuren der Vergangenheit abgestreift. Er trifft nur wenige Menschen, alle aus dem Ort. Er widmet sich dem Boot. Er steht morgens auf, wäscht sich, verlässt das Haus, spaziert bis zum Hafen, frühstückt in der Bar, der kleinen mit den zwei Eingangstüren an der Ecke. Die *Équipe* aufgeschlagen auf dem Tisch. Zwei Espressi. Dann arbeitet er bis zum Mittagessen. Nachmittags schläft er weniger als eine Stunde, aber dafür tief. Er macht eine Stippvisite bei Paolo, hält ein Schwätzchen mit seinen beiden Freunden Ahmed und Philippe, betritt die Agentur, geht die Namensliste durch, Leute, die von weither, aus einer Stadt im Norden, kommen, um hier Urlaub zu machen. Er versucht sich vorzustellen, wer sie sein mögen. Das Boot liegt an der Mole. Es ist bereit.

Isabelle kommt nur selten durch den Hafen. Sie arbeitet in einem kleinen Gästehaus am Ende der Straße. Wenige Zimmer, in denen die Engländer bis spätabends lärmen. Sie verwaltet es für René, den sie an jenem Tag im Flugzeug kennenlernte. Sie steigt die Treppen hinauf und hinunter, trägt einen vollen Wäschesack bei sich, säubert die Aschenbecher. Betrachtet das Meer. Aus dem Fenster des Zimmers, in dem sie schläft, sieht man von Zeit zu Zeit deutlich die Höhlen der Brandung in der hellen Bucht. Wenn sie im Hafen ist, redet sie nicht gern. In der Bar, der mit den zwei Eingangstüren an der Ecke, wird sie ständig gefragt, jedes Mal erfindet sie irgendeine Verabredung und geht. Man hält sie für eine ungewöhnliche Frau. Ungewöhnlich für eine Frau.

Sie und Albert, der in dem Haus neben dem kleinen Gästehaus am Ende der Straße wohnt, haben sich nie getroffen. Hätten sie aufgepasst, hätten sie sich mehr als einmal von Ferne gesehen. In Paris sind sie aneinander vorbeigefahren, beinahe haben sie sich berührt, dann saßen sie drei Plätze voneinander entfernt in einem Flugzeug, am selben Tag, derselbe Flug, dasselbe Ziel. Und jetzt hier. Nachts können sie sich beinahe berühren, getrennt nur durch diese Wand, einundvierzig Zentimeter zwischen ihren Haarschöpfen, ihrem Nachtgeruch. Es wird geschehen. Aber nicht heute. Vielleicht morgen, einem Tag, von dem sie heute noch nichts wissen.

Aus der Zeit gefallene Insel, als wartete sie auf unsere Ankunft, ohne etwas für unser Eintreffen zu tun. Wenigstens heute, wo alles friedlich ist. In der Vergangenheit war sie stets umkämpft. Im 16. Jahrhundert war ihre Bevölkerung recht bizarr zusammengesetzt: Als Christophe de Rocquendorf 1549 Marquis wurde, hatte er eine ungewöhnliche Idee, um neue Siedler anzulocken: Er gewährte Kriminellen Asyl und garantierte ihnen Straffreiheit.

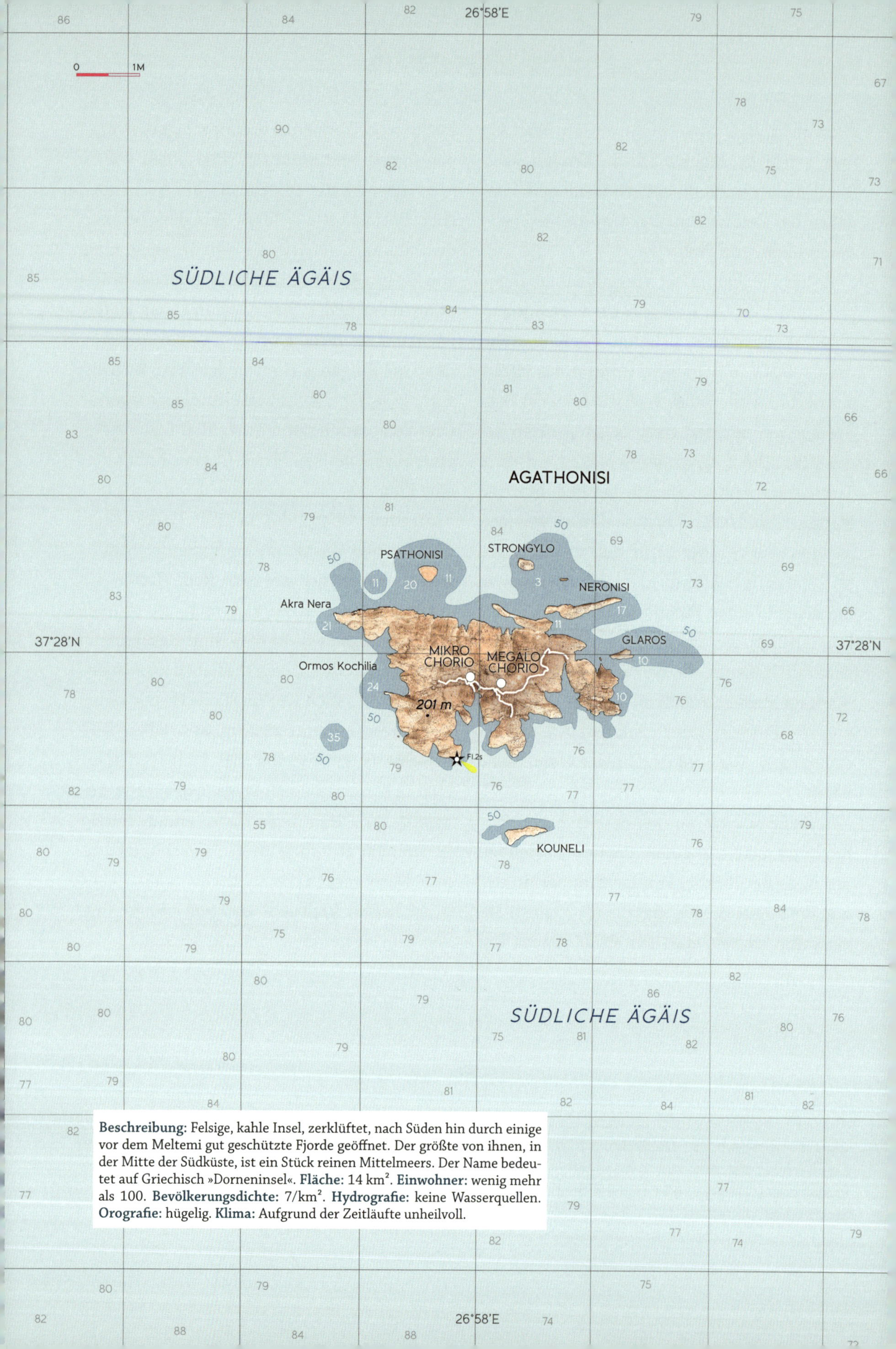

Beschreibung: Felsige, kahle Insel, zerklüftet, nach Süden hin durch einige vor dem Meltemi gut geschützte Fjorde geöffnet. Der größte von ihnen, in der Mitte der Südküste, ist ein Stück reinen Mittelmeers. Der Name bedeutet auf Griechisch »Dorneninsel«. **Fläche:** 14 km². **Einwohner:** wenig mehr als 100. **Bevölkerungsdichte:** 7/km². **Hydrografie:** keine Wasserquellen. **Orografie:** hügelig. **Klima:** Aufgrund der Zeitläufte unheilvoll.

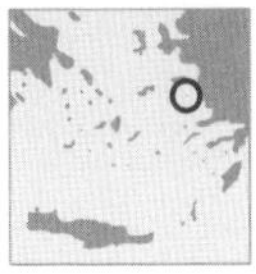

23 Griechenland *Ellas*

Ägäisches Meer

AGATHONISI

37°27'141"N • 26°58'04"O

MARYÂM SPÜRTE, wie sie zu neuem Leben erwachte. Da war es, das Meer. Dreiundvierzig Tage dauerte die Reise bereits, doch sie fühlte keine Erschöpfung mehr. Der Wunsch nach Flucht durchströmte sie, ihre Muskeln waren prall gefüllt mit Überlebenswillen. Sie stürmte den Gebirgskamm hinunter. Beschleunigte auf der Ebene und blieb auch nicht stehen, als die Füße schwer wurden im weichen Sand und den schwarzen Algen, die die Gezeiten ausgespuckt hatten. Ein Windstoß riss ein paar davon in einem Wirbel fort, und ein Gedanke folgte seiner Spur, reiste zurück in der Zeit, weiter noch als das ferne Syrien. Ein bitterer Geschmack breitete sich in ihrem Mund beim Gedanken an Afrah und Amal aus, die sie verloren hatte. Und Maryâm rannte weiter, mit ihrem blauen Rock und dem dicken roten Pullover, die sie behinderten, bis sich ihr Atem beinahe doch noch vor Ende der Strecke erschöpfte, weiter bis zum Meer, das schwarz war, warm und ruhig wie die Erde, die ihr Herberge gab. Die Augen starr auf die Insel Agathonisi gerichtet, den Inbegriff von Rettung, direkt vor ihr. Dann nichts mehr.

Der Mann sah einen blau-roten Fleck. Er blickte zu seinem Kameraden und sagte etwas in herausforderndem Ton. Der andere beobachtete den Punkt gegen den dunklen Nachmittagshimmel. Er signalisierte Zustimmung. Der Mann zielte bereits mit dem Gewehr, die Ewigkeit in einem Augenblick, dann drückte er ab. Der sich bewegende bunte Punkt in der Ferne wurde klein und reglos.

Sein Kamerad spuckte aus, entfernte sich fluchend, die Hände in den tiefen Taschen der Armeejacke vergraben. Der Schütze brüllte heiser seine Freude über die gewonnene Wette heraus. Er machte ein Kreuz in seine Tabelle, fügte einen kurzen Kommentar hinzu. Er ließ seinen Blick über das Waffentestgelände um sich herum wandern. Er legte das Gewehr zur Seite, griff nach einem anderen, noch eingepackten. Legte sich wieder auf die Lauer.

Zu manchen Zeiten der jüngeren Geschichte waren die Vertriebenen und die Flüchtlinge vor Krieg und Diktatur den Einwohnern der Insel zahlenmäßig deutlich überlegen. Dennoch haben Letztere ihr Möglichstes getan, ihnen Hilfestellung zu leisten, trotz des Mangels an Wasser, Ärzten, Medikamenten. Inzwischen hat sich die Situation etwas verbessert. So lange, bis alles erneut zusammenbricht.

Beschreibung: kleine, flache Insel im Schwarzen Meer, in der Nähe der antiken Stadt Sosòpol. Eine halbe Seemeile von der Halbinsel Stolets entfernt, mit einer maximalen Erhebung von 33 m ü. d. M. die höchste der bulgarischen Inseln. Im Osten, in der lächerlichen Entfernung von 33 Metern, erhebt sich die Insel Sweti Petar, ein nach einem Kataklysmus Mitte des 19. Jahrhunderts überraschend aufgetauchter Felsen. **Fläche:** 0,66 km². **Einwohner:** keine. **Hydrografie:** Der einzige Wasserlauf ist der unaufhaltsame Fluss der Zeit. **Klima:** von größerer und kleinerer Insel in die Zange genommen.

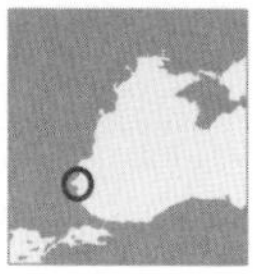

Schwarzes Meer

SWETI IWAN

42°26'18"N • 27°41'27"O

JEDENFALLS WARST DU damals noch nicht da, du kannst also nicht wissen, wie die Dinge gelaufen sind. Deine ironischen Bemerkungen kannst du dir sparen. Wenn überhaupt, müsste ich die abgeben, ich, der ich ein Ereignis nach dem anderen miterlebt habe, aber wie du siehst, sage ich nichts. Ob die Knochen, die in dieser Kiste gefunden wurden, einst dem Heiligen Johannes dem Täufer gehörten, der von Herodes wegen der unheilvollen Libido dieser Schlampe Salomé geköpft wurde, weißt du nicht, denn an besagtem Tag vor so vielen Jahren warst du noch nicht geboren, und ich habe, ehrlich gesagt, gehofft, du würdest niemals zur Welt kommen. Dieses Erdbeben vor beinahe zweihundert Jahren hatte mir gerade noch gefehlt ... Ich kann dir nicht sagen, was das für eine Überraschung war, als ich dich nach all dem Chaos aus dem Wasser ragen sah. Für mich bist du übrigens nichts als ein Felsen, und wenn jemand dich Insel des Heiligen Petrus genannt und dir damit zu der geografischen Bedeutung verholfen hat, die du unaufhörlich betonst, interessiert mich das nicht die Bohne. Es ist ja nicht so, dass eine kleine Klippe, die man Sizilien tauft, allein dadurch größer würde, nicht wahr ... Siehst du, du weißt nicht einmal, was Sizilien ist, sie ist die Größte von uns allen, deine Unwissenheit ist wirklich bodenlos ...

Du könntest wenigstens still und bescheiden sein und einfach zuhören. Ich ertrage dein kleines, nutzloses Dasein – frech und respektlos wie alle Jugendlichen – ohnehin nur schwerlich. Warst du etwa hier, als die Thraker kamen, die Ersten, die jemals einen Fuß auf mich setzten? Nein, du weißt nicht einmal, wer die Thraker sind, also weißt du auch nicht, was dir entgangen ist. Nein, ich habe auch keine Lust, es dir zu erzählen, erst recht nicht heute Morgen, mit diesem Scirocco, der so ungewöhnlich ist für diese Breiten, der meinen Rücken kitzelt und all die an meinen Ufern klebenden Miesmuscheln zum Gähnen bringt. Und was sollte ich dir schon erzählen? Du weißt nicht, was eine Armee ist, also wüsstest du die Organisation der Römer auch nicht zu schätzen, du hast nur ein paar bulgarische Truppen gesehen, ihre schlecht gearbeiteten grünen Uniformen, ihre läppischen Lederstiefel und die ganze moderne nachlässige Schlampigkeit. Die Römer ... die waren wirklich elegant, alle glichen sich aufs Haar, in perfekter Ordnung, lila Umhänge für die höheren Wachen, rote für die Offiziere, und sie bewegten sich, als wären sie ein einzelner Mann, sie trampelten auf meinem Rücken mit jener Kraft herum, wie sie für die menschliche Zivilisation in den Epochen, in denen sie an etwas glaubt, typisch ist. Nur um mich zu erreichen, bauten sie riesige Lastkähne, und sie montierten sogar noch Segel darauf, um die winzige Entfernung zu überwinden, die mich vom Festland trennt. Solch eine akribische Arbeit, um ein unwürdiges Inselchen wie mich zu betreten … du lachst, ohne dir deiner lächerlichen Größe überhaupt bewusst zu sein, aus geologischer Sicht bist du noch ein Baby. Aber ich werde lachen, wenn du über Jahrhunderte einsam und alleine bleibst und nicht ein Badender vorbeikommt, um von deinem blöden Felsen aus ins Wasser zu springen. Ich werde lachen, und du wirst weinen, weil du noch nicht verstanden hast, wie traurig das Los der einsamen Inseln ist, allein im Meer zu treiben. Endlose Zeitalter hindurch habe ich geglaubt, dass nie jemand auf mir landen würde. Ich habe gesehen, wie sich die ersten Mammuts und andere kolossale Tiere bewegten, dann wurde ich während der Eiszeit mit dem Festland verbunden, bis ich ganz vergaß, dass ich einmal getrennt von ihm gewesen war. Und als alles wieder schmolz, habe ich Jahrtausende lang schmachtend die ersten Menschen an der Küste beobachtet. Darum erzähle ich davon, weil ich mich an die Freude bei der Ankunft der Thraker noch heute erinnere, ich spürte ihren Herzschlag durch ihre nackten Fußsohlen auf meinen Wiesen, roch den Duft ihrer gebratenen Kaninchen und Fische. Und erst die Pracht der Römer, wie ich schon sagte, so schön, so symmetrisch. Sie haben mir sogar einen Leuchtturm gebaut, ich war ganz baff, ein eleganter Bau aus meinen eigenen Steinen, und dieses Licht, das mir in der Nacht Gesellschaft leistete. Für mich begann eine erquickliche Zeit. Jedes Schiff, das vorbeifuhr, konnte mich sehen! Und du kannst dir nicht vorstellen, wie viele Backpfeifen weniger ich mir einfing, wie viele Schiffbrüchige weniger ich dadurch abbekam. Selbst einen Apollo-Tempel kriegte ich! Fünfzehn Meter hohe Bronzestatuen, und sogar die christlichen Mönche waren hier, mit ihren faszinierenden Gesängen früh und spät. Eine Basilika, die Zellen der Mönche, ein Palast und die befestigten Mauern. Es war die Zeit der größten Pracht, schon von Ferne machte ich einiges her. Ständig kamen hier Leute zu Besuch, anders als heute. Du wirst noch alles darum geben, eine einzige lebende Seele zu sehen, aber du, die du heute wenigstens die Möglichkeit hast, Flugzeuge am Himmel zu sehen, die Schnellschiffe, die schnauben und sich sogar im Sturm noch vorwärtsbewegen, und die Motorboote, die im Sommer Wasserski ziehen, du wirst niemals verstehen, was Einsamkeit und Stolz bedeuten.

Ich werde lachen, und du wirst weinen, weil du noch nicht verstanden hast, wie traurig das Los der einsamen Inseln ist, allein im Meer zu treiben.

Nur als im 15. Jahrhundert die Osmanen kamen, hatte ich Angst. Sie zerschlugen alles, rissen die Basilika nieder, die Mauern, das, was vom Leuchtturm übrig war, verstreuten überall Steine, tagelang schmerzte mein Rücken wegen der Brände, ich wurde wieder zu einer halbverlassenen Einöde. Eine Verheerung ohnegleichen. Als sie wieder fortgingen, das erinnere ich gut, hatte ich das Gefühl, verrückt zu werden. Ich hatte ganz vergessen, was völlige Stille heißt. Das waren traurige Tage für mich. Anderswo nannten sie es Renaissance, aber hier wurde nichts wiedergeboren. Sterben hingegen …

Es gab wieder Jahre voller Leben und Abenteuer, das will ich nicht leugnen. Die Kosaken waren mir sympathisch, das muss ich zugeben. Mörder und richtige Gauner zwar, aber sie feierten jeden Abend, ihre Feuer wärmten mich, sie liebten es, sich mit den Frauen zu vergnügen, die sie unterwegs gefangen nahmen. Gefechte habe ich einige gesehen, bis hin zum letzten Russisch-Osmanischen Krieg. Dann die Nacht der Naturkatastrophe Mitte des 19. Jahrhunderts, als du aufgetaucht bist, ohne dass dich jemand darum gebeten hätte. Ein ordentliches Erdbeben und ein Seebeben, das mich beinahe völlig unter Wasser setzte. Solche Bewegungen der Erde habe ich unzählige Male erlebt, und ich gebe zu, ich könnte für sie sterben: Man hat den Eindruck, von der Stelle zu kommen, und in der Tat bewegt man sich um einen halben Meter. Man spürt die fröhliche Heiterkeit der Seefahrt, als müsste man wer weiß wohin in See stechen. Es gibt nichts Faszinierenderes als einen Zentimeter Bewegung für jemanden, der für immer zur Reglosigkeit verdammt ist.

Jedenfalls ist es sinnlos, dies alles mit dir wiederaufleben zu lassen, weil dir schlicht der Maßstab fehlt, um es zu beurteilen. Doch die Nachricht, dass der Typ, den sie in mir vergraben haben, Johannes der Täufer höchstpersönlich sein könnte, erfüllt mich mit Stolz. Dass es sich um ihn handelte, hatte ich, als sie ihn mir schon ganz ausgedorrt, nichts als Knochen und Staub, anschleppten, nicht kapiert. Die Zeremonie schien mir recht bescheiden, und ich bin überzeugt, dass diese Archäologen sich irren. Aber das ist mir egal, genauso egal wie ihnen oder der Kirche. Es werden Forscher mit irgendwelchen Gerätschaften kommen, das wird ein großer Spaß. Und außerdem habe ich es bereits in die Zeitung geschafft, mein Foto ist auf Hunderten von Internetseiten zu sehen. Was das Internet ist, erkläre ich dir ein anderes Mal. Ich möchte dich nur darauf aufmerksam machen, dass es allein an mir liegt, wenn dich überhaupt jemand kennt. Allein deshalb könntest du dich ein wenig dankbar zeigen. Aber was verschwende ich hier meine Zeit mit so einem kleinen Felsen …

2010 fand eine Gruppe Archäologen auf der Insel Überreste von Knochen in einer Kiste mit einer griechischen Aufschrift, die Johannes den Täufer erwähnte. Thomas Higham, Archäologe an der University of Oxford, leitete die Untersuchungen zur Altersbestimmung der Funde: 1. Jahrhundert n. Chr. Die Knochen sollen aus Antiochia gekommen sein, wo sie als Reliquien des Heiligen aufbewahrt worden waren.

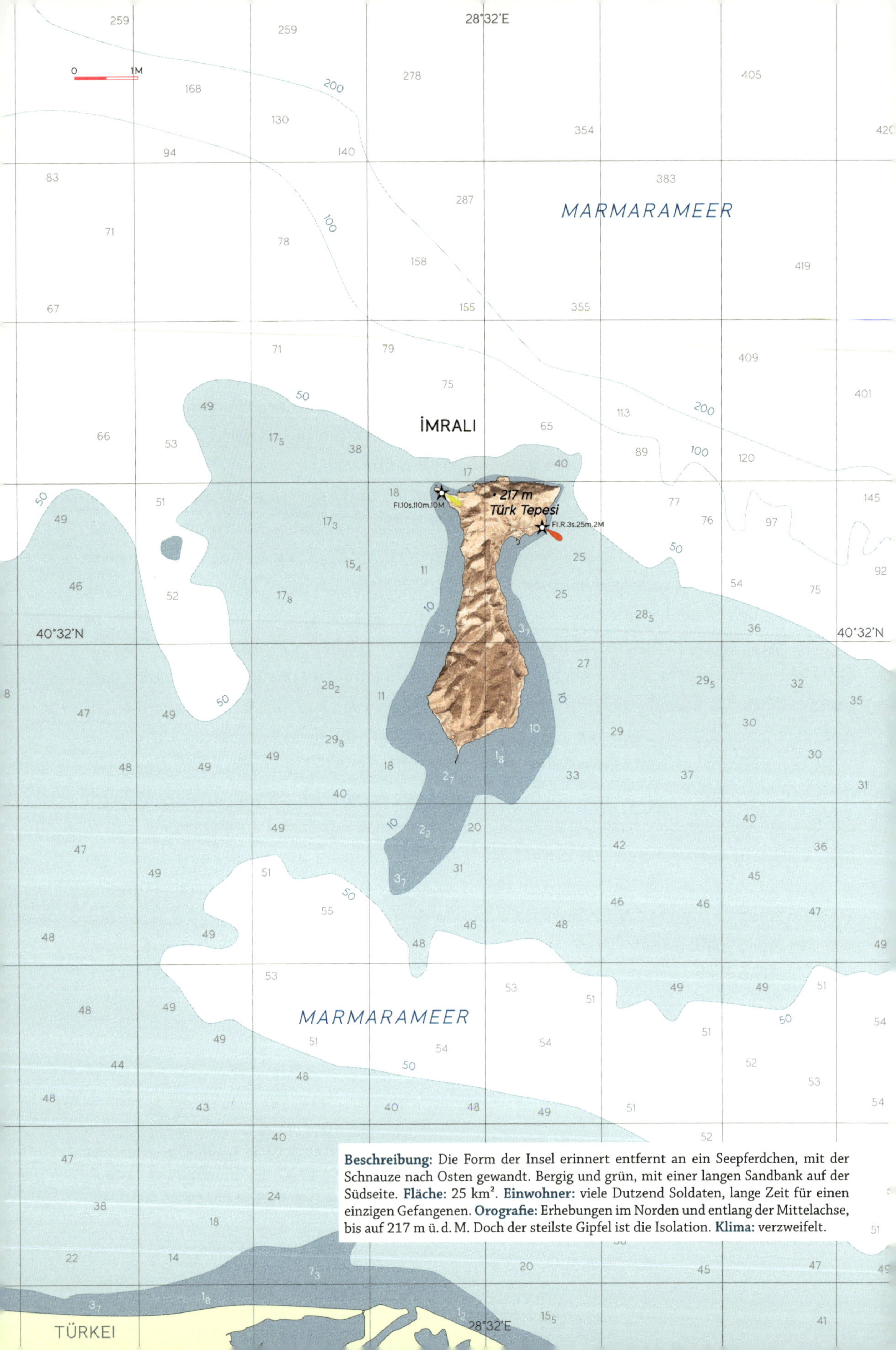

Beschreibung: Die Form der Insel erinnert entfernt an ein Seepferdchen, mit der Schnauze nach Osten gewandt. Bergig und grün, mit einer langen Sandbank auf der Südseite. **Fläche:** 25 km². **Einwohner:** viele Dutzend Soldaten, lange Zeit für einen einzigen Gefangenen. **Orografie:** Erhebungen im Norden und entlang der Mittelachse, bis auf 217 m ü. d. M. Doch der steilste Gipfel ist die Isolation. **Klima:** verzweifelt.

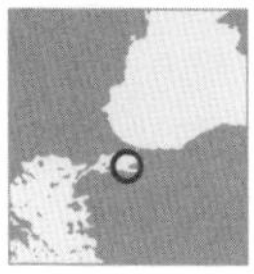

25 Türkei *Türkiye*

Marmarameer

İMRALI

40°32'15"N • 28°32'03"O

ERST IM LETZTEN MOMENT haben sie uns gesagt, wir sollen packen. Sofortige Verlegung. Wir haben uns angeguckt, Zigaretten zwischen den Lippen, Rauch in den Augen, auf den Gesichtern eine stumme Frage. Nicht so sehr »Warum?«, sondern »Welche Sachen?«. Und hätten wir auch welche gehabt, wir hätten nicht gewusst, wohin wir sie hätten packen sollen. Ich zog die ausgerissenen Seiten eines Romans hervor, die ich zwischen dem Gitter und der Wand versteckt hatte. Ich hielt sie zwischen den Fingern, bis ich traurig wurde: Ich hatte nichts auf der Welt als diese vergilbten Blätter. Seit Jahren las ich sie immer wieder, als wären sie jedes Mal neu, der Brief eines lieben Menschen, der niemals bei mir angekommen war. Ich stopfte sie eilig unter mein Hemd. Wir wussten nicht, was wir tun sollten, alle liefen im Kreis herum. Ich erinnere mich, dass es Oktober war, der Himmel unerklärlich hell wie in meinen Kindertagen … Blitzschnell waren wir draußen im Hof, überrascht, dass wir so viele waren. Alle zusammen auf dem großen Platz, das hatte es, um Revolten zu verhindern, nie gegeben. In Zwanzigergruppen luden sie uns in Hubschrauber, eingepfercht zwischen bewaffneten Soldaten mit vermummten Gesichtern. Ich war unter den letzten, deshalb habe ich ihn gesehen. Sie schubsten uns in Richtung Leiter, inzwischen waren wir nur noch zu zehnt. Ich drehte mich um. Dort stand er, in der Mitte, mit Ketten an Handgelenken und Knöcheln. Er schien erschöpft, ließ die Schultern hängen. Er ist nicht so wuchtig, wie sie sagen. Eher gedrungen, als konzentriere sich in ihm die Gefangenschaft eines ganzen Volkes. Als sie ihm die Kapuze abnahmen, sah ich die Spuren, eine tiefe Wunde an der Stirn, zwei Wundränder wie zwei Lippen. Unsere Blicke kreuzten sich. Er wusste, wo er war, welche Folter ihn erwartete. Soweit ich weiß, ist er noch immer dort. Ich glaube nicht, dass sie ihn je rauslassen. Nicht lebend, meine ich.

Auf der Insel İmralı gibt es eine Militärkaserne, eine kleine Moschee, ein Gefängnis, das lange Zeit nur einen Insassen hatte: Abdullah Öcalan, langjähriger Vorsitzender der Arbeiterpartei Kurdistans (PKK). Er wird dort seit 1999 gefangen gehalten. Ein enormer Gefängniskomplex, mit unüberwindbaren Mauern, Wachhäuschen, Dutzenden Zellen. Und beinahe alle leer.

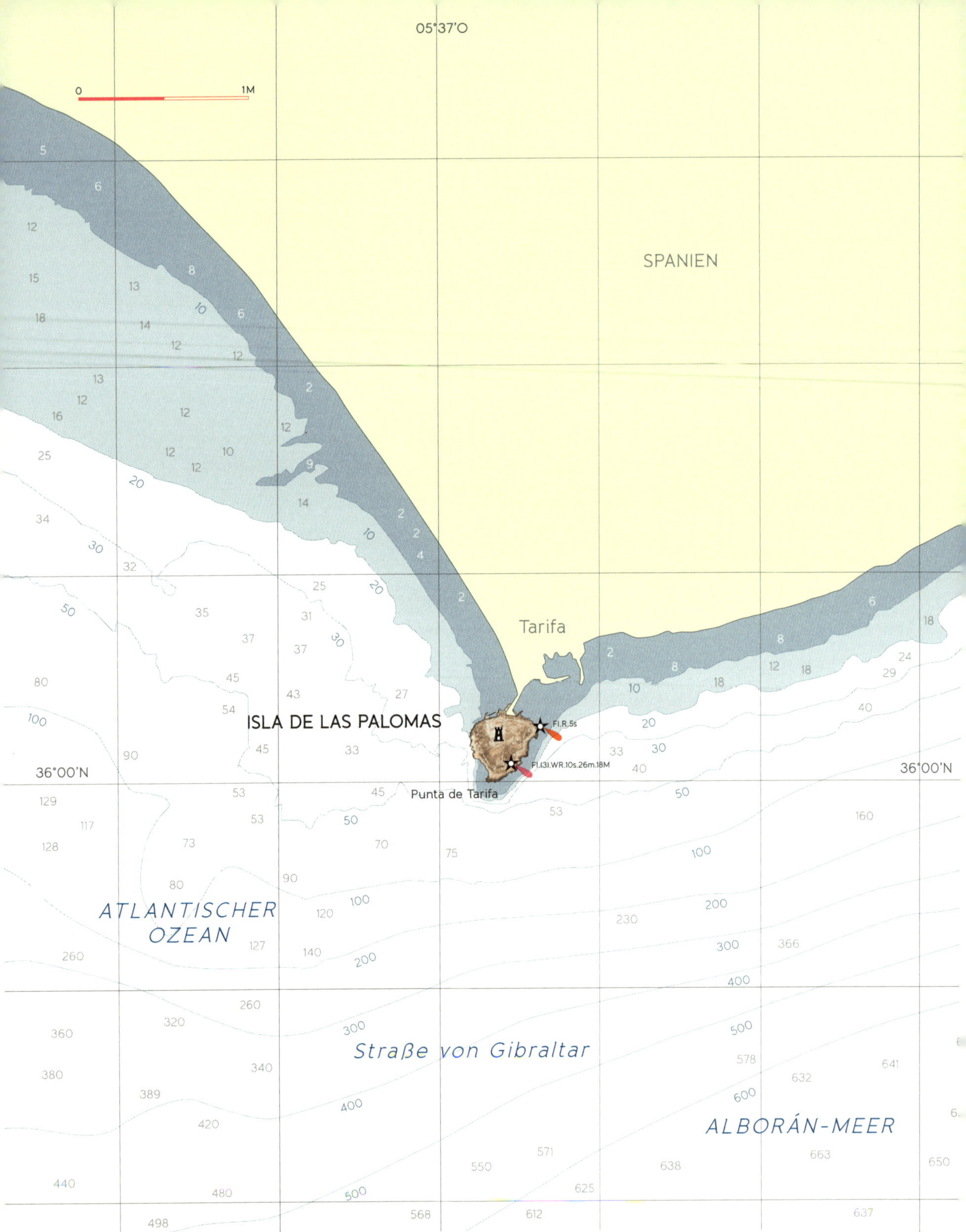

Beschreibung: Andalusische Insel in Form einer Eichel, 1808 vom Menschen durch einen schmalen Stiel mit dem Kontinent verbunden. Kahl und rundlich, wie sie ist, befindet sie sich buchstäblich rittlings zwischen Mittelmeer und Atlantik, auf einer imaginären Linie zwischen Tarifa und Tanger, das heißt zwischen Europa und Afrika, die an dieser Stelle etwa 9 Seemeilen voneinander entfernt sind. **Fläche:** 1 km². **Einwohner:** im Wesentlichen unbewohnt. Was bei der Volkszählung fehlt, ist vor allem eine Frau. **Klima:** unbegreiflich faszinierend.

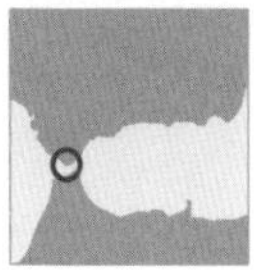

Alborán-Meer

ISLA DE LAS PALOMAS

36°00'11"N • 05°36'34"W

WIE FREMD DIESES MÄDCHEN ihm war, konnte er in dem Augenblick, als er sie sah, nicht begreifen. Ebenso wenig, wie sehr er ihr verfallen würde. Und dass sie kurzsichtig war und ihn schlecht erkennen konnte. Und dass es damals noch keine Brillen gab. Und dass es Orte gibt, die einen allein dadurch verändern, dass man an ihnen vorübergeht, ohne es überhaupt zu bemerken. Und dass sich andere niemals ändern werden. Und dass von Wandel in dieser Zeit wirklich nicht die Rede sein konnte. Kurzum, ihr werdet eure Phantasie bemühen müssen, um diese Geschichte zu verstehen.

Auf der anderen Seite, in seinem Leben, wüteten Monster. In ihrem nicht. Harsche Worte zu den falschen Leuten. Worte, die man nicht aussprechen sollte. Nicht in diesem Ton. Nicht auf einer kleinen Insel wie der Isla de las Palomas oder in einem Hafen wie Tarifa, auf der Grenze zwischen Hier und Anderswo. Und doch war da diese Gier, wie sie typisch ist für die Jungen, die unbedingt ein neues Leben leben wollen – und zwar sofort. Wenn es nicht geschieht, werden sie zornig. Sie dagegen hatte für alles ein Lächeln übrig. Vielleicht weil ihre Füße auf einem Schiff standen. Vielleicht weil sie aus Genua kam. Oder weil sie eine Frau war. Und das war auf den ersten Blick offensichtlich. Seinem ersten Blick, nicht ihrem.

Wenige Augenblicke, viel mehr hatten sie nicht. Er mit dem Tau in der Hand, verträumt, atlantisch. Sie, mediterran, die Augen in Verwunderung aufgerissen, strahlte Niedergeschlagenheit aus, als sie zum letzten Mal die Vergangenheit betrachtete. Oder einige Stunden später, als er sie in einer Hafengasse einen frisch gepressten Orangensaft trinken sah. Oder dieser Blick, den sie wechselten. Oder das, was am Abend darauf folgte. Oder zuzusehen, wie das Schiff wieder davonfuhr. Auf sie zu warten. Für immer. Vergeblich.

Auch Punta de Tarifa genannt. 1291 hatten Tedisio Doria und die Vivaldi-Brüder, die mit »Galeeren voller Lebensmittel, Wasser und allem Notwendigen« von Genua aus in See gestochen waren, die Säulen des Herakles erreicht und einen Zwischenstopp auf der Isla de las Palomas eingelegt, um dann erneut in Richtung der Kanaren zu segeln, von wo aus sie sich der Chronik zufolge auf den »Großen Tartaros« (den Ozean) hinauswagen wollten. Sie kehrten nie zurück. Vielleicht haben sie das andere Ufer erreicht, vielleicht sind sie auf dem Meer umgekommen. Mit an Bord war auch eine junge Frau.

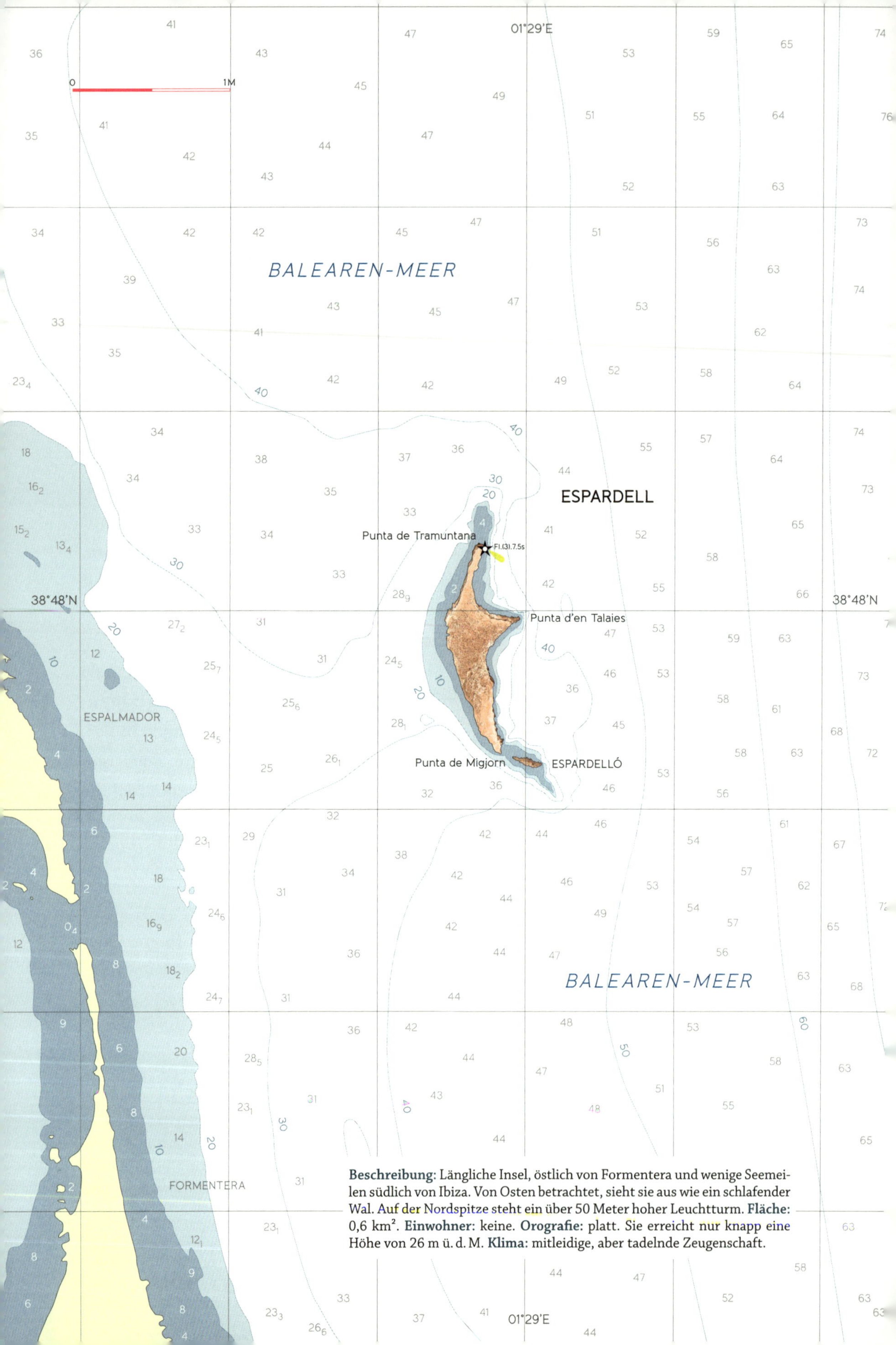

Beschreibung: Längliche Insel, östlich von Formentera und wenige Seemeilen südlich von Ibiza. Von Osten betrachtet, sieht sie aus wie ein schlafender Wal. Auf der Nordspitze steht ein über 50 Meter hoher Leuchtturm. **Fläche:** 0,6 km². **Einwohner:** keine. **Orografie:** platt. Sie erreicht nur knapp eine Höhe von 26 m ü. d. M. **Klima:** mitleidige, aber tadelnde Zeugenschaft.

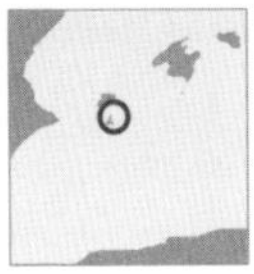

Balearen-Meer

ESPARDELL

38°47'47"N • 01°28'37"O

AN DER SÜDKÜSTE IBIZAS muss man bereits in schwarzem Anzug und weißem Seidenhemd anlanden, wohingegen den Frauen eine etwas größere Farbauswahl zugestanden wird, aber modisch müssen die Kleider sein. Abweichungen sind nicht vorgesehen, und die weniger gut informierten Besucher müssen notwendigerweise auf andere Ziele ausweichen. An die, die es sich anders überlegen, werden nicht einmal Worte verschwendet. Um die kümmert sich der Sicherheitsdienst.

Wenn alle Voraussetzungen erfüllt sind, werden euch Kellner in roten Jacketts mit ernstem Blick die Tore öffnen, euch sofort schaumige Grüntee-Drinks und süße Mandeln in Aspik servieren. Weiter hinten wird sich das Fest auf den breiten Teakholzplanken bereits auf dem Höhepunkt befinden, und ihr könnt euch der tanzenden Menge ohne weitere Vorreden anschließen.

Seit undenklichen Zeiten ist Ibiza bekannt für den Zustrom der besten und begabtesten jungen Menschen des Kontinents, die vom scheinbar einzigartigen Ereignisreichtum der Insel angezogen werden. Alles scheint aus einer Hippie-Party hervorgegangen zu sein, in Zeiten, an die sich keiner mehr erinnert, initiiert wurde die Party damals zufällig von ein paar in die Freiheit verliebten Jugendlichen, hatte sich dann in die umliegenden Buchten und in der Folge überallhin ausgebreitet. Die Strände, meist gastfreundlich, aber zum Teil unwegsam, wurden den Elementen mit gewaltigem Aufwand abgetrotzt, was jedoch zunächst als reiner Spaß begann. Es schien allen von Anfang an dringlich, den enormen Besuchermassen einen gefahrlosen Zugang und unvergleichliche Lebensqualität zu garantieren. Balkon um Terrasse, Rotunde um Treppchen wurde die gesamte Küste Ibizas mit Holzbalken bedeckt, zunächst mit am Strand gefundenen, dann mit teurem Markenparkettboden, der irgendwann sogar das Höhenprofil der Felsen und Hügel überragte und bis hinaus aufs Meer strebte, über den Strand hinaus, der an vielen Stellen vollständig überbaut ist.

Beinahe überall sind Anziehungspunkte entstanden, allesamt mit einem ausladenden Tresen in der Mitte, wo muskulöse Barmänner Gläser und Flaschen durch die Luft werfen, die dank der hinter ihnen angebrachten Halogenlampen originelle Lichtreflexe in die Nacht streuen. Um sie herum tanzen die Leute zusammengepfercht, und häufig wird man Zeuge von Schlägereien, leidenschaftlichen

Küssen, mittelmäßig geschickten Diebstählen, tastende Untersuchungen des Brustkorbs und des unteren Rückens der ungestümsten jungen Frauen. An den Seitenflügeln immense Terrassen, die zu buchstäblich über dem Meer hängenden Aveniden geworden sind, wo ein ständiger Betrieb von Breakdance-Vorführungen, House-Abenden, Neudefinitionen von Hip Hop und gewagten Coverversionen herrscht, ohne dass das Schwarz der Kleidung oder die ständige Bewegung der Körper im Wandel der Klänge und Spektakel irgendeine bedeutsame Veränderung erführe.

Wellenschäumend bemächtigt sich der Abgrund erneut der Buchten, und mit seinen krallenförmigen Fingern reißt das Meer jede Erinnerung an den August mit sich fort.

Hier trifft ein Mann eher auf das Leben oder den Tod, als dass er den fernen Gesang der Brandung zu hören bekäme. Den Sicherheitsdienst kümmern die abschreckend zahlreichen Silhouetten, die in dem dunklen geländerlosen Abgrund der letzten Terrassen verschwinden, herzlich wenig. Dass sich hinter dieser schwarzen Masse aus Erregung und Vitalität etwas Schreckliches verbirgt, ist jedem klar. Und doch kann das Leben einvernehmlich gesuchten und gefundenen ohrenbetäubenden Lärm nicht anders, als das eigene Ende mit der gebührenden Zuneigung zu umarmen. Die Sorge ums eigene Überleben und die Nähe zum Risiko werden ja außerdem von der allgemeinen Trunkenheit der Feiernden begleitet, was die Kosten der Unterhaltungsindustrie und die Ausgaben der Gäste senkt. So wird die lange Sommernacht auch für die weniger gut Betuchten zu einer recht aufregenden Sache. Bewegt man sich, soweit möglich, auf den niedriger liegenden Terrassen, heizt sich alles noch weiter auf. Es ist noch dunkler, man sieht nichts als ununterbrochen umherhuschende Laser, und die Angst wächst proportional zu den eifrig konsumierten Rausch- und Aufputschmitteln. Die wogende Masse ist hier noch dichter und ähnelt schließlich sehr dem verschwundenen marinen Element. In diesem undurchsichtigen Hin und Her geht alles Mögliche vor sich, doch weniger schlimme Tragödien, als man annehmen könnte. Konsultiert man die Polizeiberichte, so zeigt sich, dass die vielen Verschwundenen nicht tot sind, sondern sich nur verlaufen haben, umherirren, um schließlich wieder aufzutauchen. Man muss sagen, dass die Polizisten sehr professionell sind und die Formalitäten mit großem Pflichtbewusstsein erledigen. Bevor sie diejenigen verabschieden, die gekommen sind, um ihre Anzeige zurückzuziehen, finden sie sogar noch Zeit, Informationen über den Dresscode der nächsten Feierlichkeit zu verteilen.

Das alles ist für jeden offensichtlich, aber wie stets wird es interessanter und detaillierter, wenn man sich nur ein wenig vom Geschehen entfernt. Zum Beispiel auf den schneckenförmigen Leuchtturm auf dem Nordkap der Insel Espardell, dem stummen Zeugen, dem weisen und kritischen Geist der Insel Ibiza, von wo aus man mit Ferngläsern bewaffnet zum Ende der Saison das zunehmende Ausschwärmen der jungen Feiernden beobachten kann. Mit der Ankunft der fahlen Lichter und der Einsamkeit werden die hölzernen Terrassen und die weichen Böden der Tanzflächen wieder sichtbar. Mit einer gewissen Plötzlichkeit sind sie wieder nackt, die Lichter gehen aus, die Lautsprecher werden heruntergedimmt, verstummen schließlich ganz, und alles bekommt wieder seine irreale Anmutung. Der starke Herbstregen hat eine interessante Wirkung auf die Tanzflächen und Treppenabsätze, eine schmierige Konsistenz bildet sich aus, der Regen schäumt die ekelhafte gemischte Brühe auf, die während des Sommers dort verschüttet worden ist. Diese Tage gehören den örtlichen Fischern, die furchtsam aus ihren Häusern kommen. Sie schauen um sich, bücken sich zuweilen, um einen zwischen den Brettern verklemmten Ohrring aufzuheben, beugen sich über die hängenden Balustraden und sehen zu, wie das Meer anschwillt, an Kraft gewinnt, bis es schließlich die Terrassen überspült und jede verbliebene Spur des Menschlichen mit Salzwasser fortwäscht. Glänzend und wellenschäumend bemächtigt sich der Abgrund erneut der Buchten, und mit seinen krallenförmigen Fingern reißt das Meer jede Erinnerung an den August mit sich fort. Durch die Fugen der Balken scheint man in den ersten Tagen den dumpfen Beat der Großen Trommel zu hören, und ein Übelkeit erregender Geruch von Wermut steigt auf.

Vom Scirocco (dem Wind der Reue) angeschwollen, wächst das Meer über seine eigene feuchte Seele hinaus und erschüttert, was der Mensch gebaut hat. Im Schutz eines Felsens beobachten die Fischer die Flut, kommentieren sie mit einem Satz der Zustimmung, beeilen sich, ihre Angeln in den Rückfluss der Brandung zu werfen. Mehr als einer von ihnen wirft am Abend einen Blick hinüber zum Leuchtturm von Espardell, einige Seemeilen südlich. Unsicher über das Urteil der weisen Insel, spucken sie, wie es der Brauch ist, ins Meer und erbitten seinen Schutz. Nie lassen sie die Untiefen aus dem Auge, aus Angst vor dem, was dort unten fischen könnte.

Auch S'Espardell genannt. Die Insel hat die unterschiedlichen Herrscher und Seeschlachten aller Art gesehen, doch immer aus der Ferne, wurde selbst von der Geschichte nur gestreift. Heute ist sie ein Wasserschutzgebiet von besonderem Interesse. Die in ihren Wassern gemessene Biomasse an Fischen ist doppelt so hoch wie in den angrenzenden Gewässern. Ein Wrack auf dem Meeresboden wird von Barrakudas, Wolken aus Großen Steckmuscheln, Barschen, Aalen, Langusten und Stechrochen bewohnt.

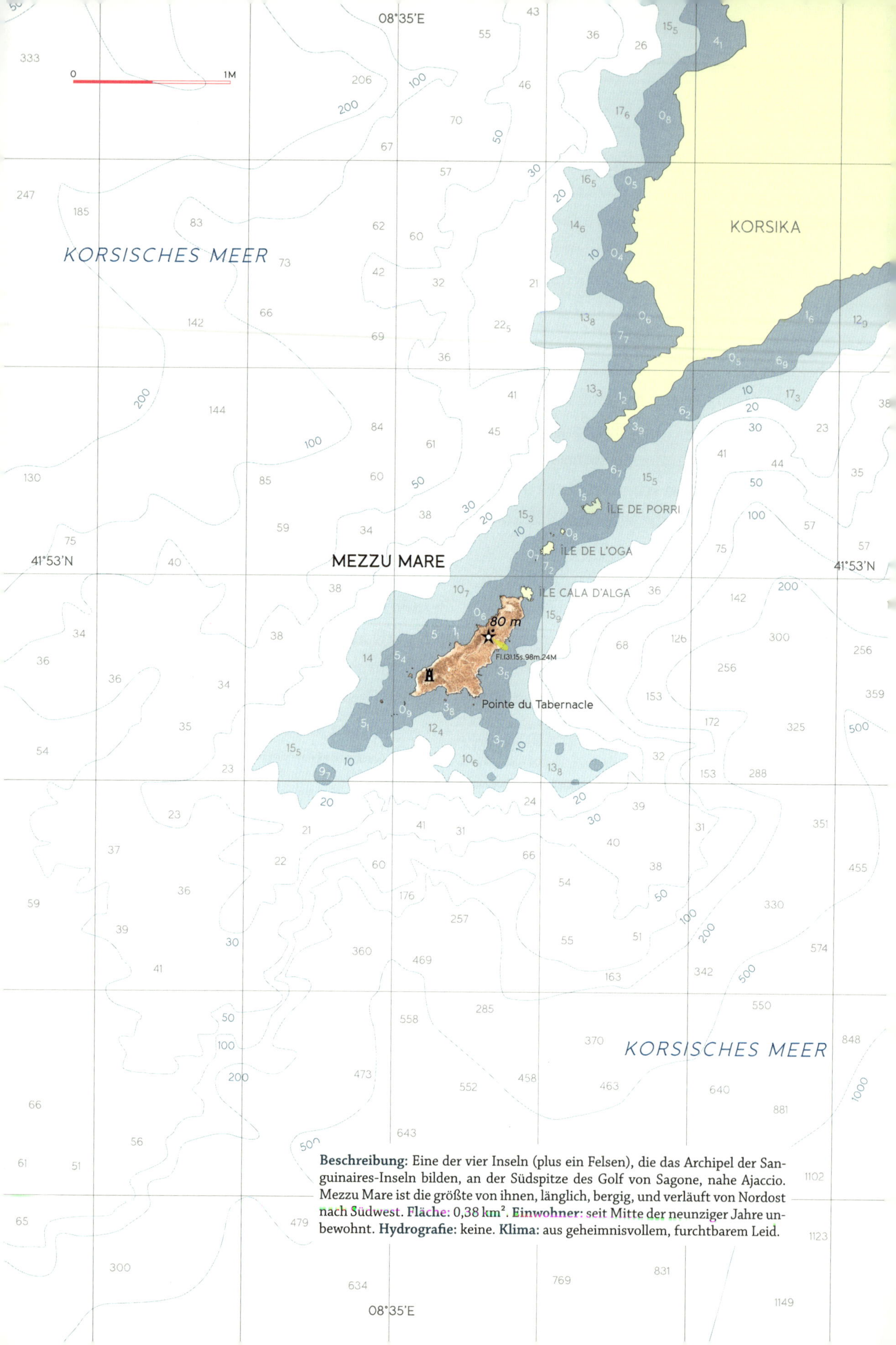

Beschreibung: Eine der vier Inseln (plus ein Felsen), die das Archipel der Sanguinaires-Inseln bilden, an der Südspitze des Golf von Sagone, nahe Ajaccio. Mezzu Mare ist die größte von ihnen, länglich, bergig, und verläuft von Nordost nach Südwest. **Fläche:** 0,38 km². **Einwohner:** seit Mitte der neunziger Jahre unbewohnt. **Hydrografie:** keine. **Klima:** aus geheimnisvollem, furchtbarem Leid.

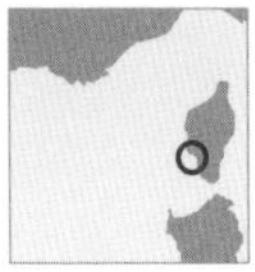

Korsisches Meer

MEZZU MARE

41°52'37"N • 08°35'32"O

DU ERINNERST DICH an nichts. Dieses Lazarett, eine baufällige Konstruktion ohne Fußboden, ist ein höllischer Ort. Ihr wart zweihundert, kauernd oder liegend. Ein Kranker genügte, um alle anderen anzustecken. Du warst einer der wenigen Weißen, auch wenn die Fischer alle gleich sind, eine einzige Haut, die des Meeres. Bei meinem Eintreffen erblickte man in mir den Retter oder aber den Henker. Die Sanguinari, die Blutrünstigen, wie furchteinflößend das klang. Und wie wenig passend schien mir der Name für die Verzweifelten, die ich vor mir sah. Der Wachmann, ein grausamer Mensch, sagte, nur wenige von euch seien Fischer. Was in Afrika geschehen ist, muss schrecklich gewesen sein.

Als ich dich fand, war ich unsicher, ob du es bist. Die Verletzungen, das getrocknete Blut über den Augen. Mit den Händen hieltest du ein Bündel umklammert, alles, was du gerettet hattest. Ich musste den Wachmann und seine Schergen bezahlen. Am Ende haben sie uns auf dem Ruderboot wegfahren lassen, mit dem ich gekommen war. Du hast kein Wort gesprochen. Du hast den Arm ausgestreckt und mit den Fingern das Meer gestreichelt. Ich habe versucht, dich Vera zu nennen, aber du hast keine Regung gezeigt. Geschlossene Augen, unbewegt, schweigend.

Auf dem Karren empfand ich eine seltsame Freude, etwas ganz Altes, vielleicht eine Erinnerung, den feuchten Geruch eines Gewitterschauers auf sommerlichen Wiesen. Die einzige Geste, die du machtest, war die, mich mit einer Hand am Arm zu berühren, um zu überprüfen, ob ich noch da war. Ich wusch dir die Blutkrusten ab, und von der Klippe aus betrachteten wir die Sanguinaires-Inseln. Du sahst hinüber, als wäre es das erste Mal in deinem Leben. Dabei war es das letzte Mal.

Genannt auch Grande Sanguinaria. Auf den Inseln dieses Archipels wurden seit Ende des 18. Jahrhunderts die »Männer schwarzen Blutes«, also afrikanische Seemänner und Flüchtlinge, für eine Zeit der Quarantäne gefangen gehalten. Es war jedoch nicht ungewöhnlich, dass durch einen unglücklichen Zufall irgendein örtlicher Fischer zwischen ihnen landete. Sie bekamen den düsteren Namen *i Sanguinari*, die Blutrünstigen. Es ist ungeklärt, ob die Inseln deshalb so genannt wurden oder ob umgekehrt die Inseln, von roten Frankenien, Porphyrgestein und rosafarbenen Frühblühern überzogen, diesen armen Leuten ihren Namen gaben.

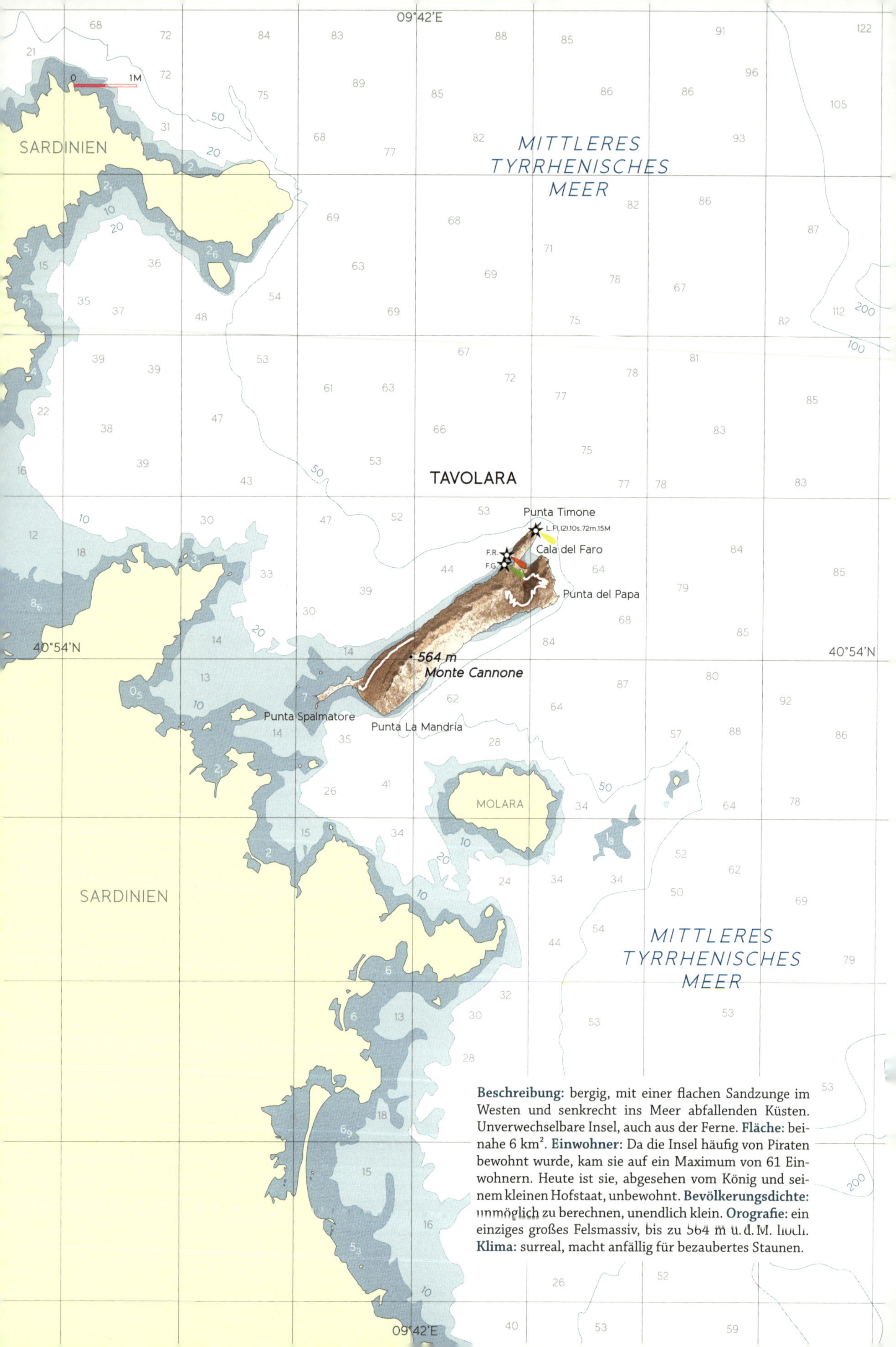

Beschreibung: bergig, mit einer flachen Sandzunge im Westen und senkrecht ins Meer abfallenden Küsten. Unverwechselbare Insel, auch aus der Ferne. **Fläche:** beinahe 6 km². **Einwohner:** Da die Insel häufig von Piraten bewohnt wurde, kam sie auf ein Maximum von 61 Einwohnern. Heute ist sie, abgesehen vom König und seinem kleinen Hofstaat, unbewohnt. **Bevölkerungsdichte:** unmöglich zu berechnen, unendlich klein. **Orografie:** ein einziges großes Felsmassiv, bis zu 564 m ü. d. M. hoch. **Klima:** surreal, macht anfällig für bezaubertes Staunen.

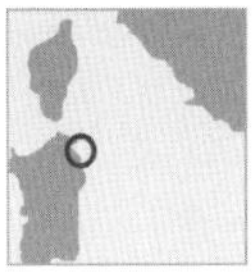

29 Italien *Italia*

Tyrrhenisches Meer

TAVOLARA

40°54'27"N • 09°42'50"O

ALS TONINO den dröhnenden Lärm der Bulldozer hörte, war ihm, als hätte er diesen Augenblick schon einmal erlebt. Tatsächlich hatte er im süßen Dämmerschlaf des Sommers häufig von der Ankunft eines Eindringlings auf Tavolara geträumt, eines unsichtbaren Feindes, der die Insel und sein ungewöhnliches Königreich besetzen würde. Diese Prophezeiung gab man seit Generationen in seiner Familie weiter, zugeschrieben wurde sie dem Stammvater Giuseppe.

Es scheint, als wäre der Ururgroßvater an einem beliebigen Tag in der ersten Hälfte des 19. Jahrhunderts zur Quelle hinaufgestiegen, um wie üblich seine wöchentlichen Wasservorräte zu holen. Nach der langen Kraxelei hatte er sich ein wenig ausgeruht, hatte sich das einzige Kleidungsstück vom Leib gerissen, das er trug – ein kurzes Leinenhöschen –, und war in den eiskalten Brunnen gestiegen. Nachdem der lange Bart und die Haut mit einem Bimsstein abgerieben waren, hatte er das Wasser abgefüllt und sich mit den Fässern auf den Schultern an den Abstieg gemacht. Auf der Hälfte des Weges hatte er einen Blick auf den Golf geworfen und war wie versteinert stehengeblieben: Die Bucht zwischen den Inseln und dem Festland wimmelte vor Schiffen aller Art, die mit Matrosen in völlig identischen, rot-weiß gestreiften Hemden bemannt waren. Angesichts dieses imposanten Anblicks hatte Giuseppe Augen und Mund aufgerissen und den Rest des Abstiegs im Laufschritt zurückgelegt. Am Strand angelangt, war er jedoch brüsk von zwei Soldaten aufgehalten worden, die ihn zwischen sich auf die Knie gezwungen hatten, ohne sich von seinen höflichen Protesten beeindrucken zu lassen. Kurz darauf hatte einer von ihnen leise geraunt: »Da ist der König.«

Bei diesen Worten war Giuseppe mit feierlicher Miene auf die Füße gesprungen, hatte Haare, Bart und Höschen geordnet. Der Herrscher, Karl Albert, Herzog von Savoyen, König von Piemont und Sardinien, kämpfte sich mühsam durch den Sand voran, er wirkte zwergenhaft im Kontrast mit der savoyischen Größe seiner Leibwache. Als er Giuseppe erreichte, machte er den Knappen Zeichen, sich zu entfernen, begrüßte Giuseppe freundlich und forderte ihn ohne ersichtlichen Grund dazu auf, auf eine Verbeugung zu verzichten. »Also ist diese Insel nicht unbewohnt«, sagte er. »Hm, nein, mein Herr. Ich wohne hier«, antwortete Giuseppe. »Ihr seid also in jeder Hinsicht der Herrscher über diese Insel!«, beschied der König freundschaftlich.

Giuseppe war an Bord des Hauptschiffs geleitet worden, das von Aberdutzenden anderen, immer größeren und überfüllteren Schiffen umringt war, deren Besatzungen ihn mit Pfiffen und Seemannsrufen begrüßten, die Ehrengästen vorbehalten waren. »Wie viele Schiffe hat die Fischereiflotte des Königs?«, hatte Giuseppe einen Offizier im blauen Zweireiher gefragt. »Hundertundeins«, hatte der mit militärischer Präzision geantwortet. »Phantastisch …«, hatte Giuseppe gerufen.

Der König erfuhr, dass dieser Mann Genueser Abstammung war, dass er Verwandte auf einer nahegelegenen Insel hatte und darüber nachdachte, sie nach Tavolara zu holen, damit alle zusammenleben konnten, und dass er auf der gesamten Länge dieses Felsens niemals irgendjemanden zu Gesicht bekam, abgesehen von ein paar Schonern. Er fragte seine Navigationsoffiziere nach den Koordinaten der Insel, doch der König erhielt nur ungenaue und verlegene Antworten: Diese Insel war, obwohl nicht einmal sehr abgelegen, nur auf einigen Seekarten verzeichnet, und ihre Position stimmte nicht immer überein. Verärgert ordnete der König an, dass genaue Vermessungen vorgenommen würden und Tavolara korrekt ins Blau aller offiziellen Dokumente eingezeichnet werden sollte. »Das Königreich Tavolara«, erklärte er feierlich in das erstaunte Schweigen der Anwesenden hinein. Im Wesentlichen krönte der Monarch Giuseppe zum »König über Tavolara, über die Erde und die umgebenden Gewässer im Abstand von einer Seemeile um die Küste«. Am Abend war die Amtseinführung mit einem Freudenfeuer und einem üppigen Buffet an der Spiaggia dello Spalmatore bekräftigt worden.

Verärgert ordnete der König an, dass genaue Vermessungen vorgenommen würden und Tavolara korrekt ins Blau aller offiziellen Dokumente eingezeichnet werden sollte.

Am nächsten Tag hatte die Fischereiflotte des Königs ihren königlichen Abschied genommen, während alle, an Deck der Schiffe stehend, Giuseppe grüßten, der stundenlang winkend an der Wasserlinie stand und dann in seine Hütte rannte, um sich in einer Glasscherbe zu spiegeln. Er sah prachtvoll aus, noch immer geschmückt von der Hand der königlichen Zeremonienmeister: Pantoffeln und Umhang, Strumpfhose und Pumphosen, Halskrause und runder Hut, feine Netzhandschuhe. Am Gürtel hatten sie ihm sogar ein kleines vergoldetes, mit Hirschleder verziertes Schwert befestigt. »Phantastisch …« Dann hatte er sich ausgezogen, allen Schmuck abgelegt und in einer Truhe verstaut. An diesem Abend hatte Giuseppe, nach einigen Schwierigkeiten, einschlafen zu können, zum ersten Mal von den Bulldozern geträumt.

Giuseppe erzählte seinen Enkeln von diesen ungewöhnlichen Vorkommnissen, und obwohl sie nicht die leiseste Ahnung hatten, was ein Bulldozer war, lebten alle in der Angst, jemand könne das Königreich Tavolara betreten, ohne ihnen den gehörigen Respekt zu zollen. So erfuhren sie, welche Last eine Krone bedeuten kann. Darum also hatte Tonino, als er beinahe zwei Jahrhunderte später durch den Lärm ans Fenster gelockt wurde, das Gefühl, diesen dramatischen Moment bereits tausendmal gesehen und durchlebt zu haben. Riesige Maschinen, um ganze Berge zu versetzen! Hunderte von Arbeitern und Schubkarren und ein Schiff, das Werkzeuge und Zement geladen hatte! Das war es also, was sich in den raunenden Träumen seines Vorfahren Giuseppe angekündigt hatte!

Tonino rannte aus dem Haus und fragte einen Arbeiter nach Neuigkeiten vom sardischen König. In einem nordischen Dialekt, den er nie zuvor gehört hatte, wurde ihm geantwortet, die Königsfamilie sei im Exil, es habe eine Volksabstimmung gegeben, jetzt gebe es die Republik. Ihm wurde schwindelig. Er verstand nichts von Recht oder Verfassung, doch er verstand, dass der Versuch, seine ohnehin zweifelhafte Herrschaft in einer Republik zu verteidigen, zum Scheitern verurteilt wäre. Dann wurde er abgelenkt.

»Wie viele Männer braucht es, um die Arbeit eines Bulldozers zu verrichten?«, fragte er neugierig.

»Mindestens hundertundeinen«, antwortete der Arbeiter.

»Phantastisch …«, bemerkte Tonino staunend und bot dem Arbeiter zum Tausch für die Information ein Stück weiße Focaccia mit Sardellen und Zwiebeln an.

Kurz gesagt, Tonino gewöhnte sich an den Lärm der Arbeiten, und die Arbeiter gewöhnten sich daran, ihre Pausen vor seiner Hütte zu verbringen, ausgestreckt im Schatten der gekalkten Mauer oder den herrlichen Geschmack seiner Sardellen genießend. Jeden Tag erwartete Tonino sie mit Krügen frischen Wassers und Tabletts voll mit gutem Essen. Die Arbeiter revanchierten sich, indem sie seine Hütte renovierten, eine Wasserleitung direkt zur Quelle legten (»Phantastisch …«), Blumen pflanzten und Tische, Bänke und schließlich sogar einen Bootssteg am westlichen Ende der Spiaggia dello Spalmatore bauten.

So wurde der Ruhm des »La Reggia« begründet, dem typischen (und einzigen) Seerestaurant auf Tavolara, das jeden Sommer von Touristen überflutet wird. Denen erzählt Tonino die Geschichte von der Krönung seines Vorfahren Giuseppe, ohne den tatsächlichen Vorkommnissen etwas hinzuzudichten, und er erzählt von dem überwältigenden Anblick, den die majestätische Flotte des Königs in den klaren Wassern eines Meeres bot, das heute kaum noch wiederzuerkennen ist.

Es mag sonderbar scheinen, aber im Mittelmeer ist nichts unmöglich: Dies ist eine wahre Geschichte, und die Fakten haben sich, wenngleich ein wenig romanhaft ausgeschmückt, tatsächlich sehr ähnlich zugetragen. Es muss noch gesagt werden, dass einer der Nachkommen Giuseppe Bertoleonis, Carlo, gegen Ende des 19. Jahrhunderts Besuch von Queen Victoria erhielt, die das Königreich Tavolara offiziell anerkannte und sein Wappen im Buckingham Palace neben denen all der anderen Königtümer der Welt ausstellen ließ.

Beschreibung: Insel von völlig undefinierbarer Form, von der Insel Cres und in ihrem eigenen Inneren durch zwei künstlich geschaffene Landengen getrennt. Sie besitzt eine tief eingeschnittene, langgestreckte Bucht bei Mali Lošinj, die idealen Schutz vor der Bora bietet. **Fläche:** circa 74 km². **Einwohner:** 7.700, vielleicht ein paar mehr. **Bevölkerungsdichte:** 104/km². **Klima:** aus Vorherbestimmtheit und majestätischem Einklang mit dem Meer.

Adriatisches Meer

LOŠINJ

44°34'01"N • 14°25'28"O

MAN RENNT SCHON ALS KIND, das heißt von Anfang an, denn man rennt nicht mit den Beinen, eher mit dem Herzen, so wie man den Wind spürt, das ist nichts, was man je ganz erlernen könnte, man kann es einfach, man wird dazu geboren, vielleicht weil jemand das Fenster gerade in dem Augenblick öffnet, in dem man zur Welt kommt, und beim ersten Atemzug saugt man einen Luftstrom ein, den man später zwischen Inseln und Kanälen wiederfindet, als hätte man einen Sinn für Böen, ein Gefühl für leichte Brisen oder Windstöße, und wenn man in der Kvarner Bucht geboren wird, noch mehr, denn dann hat der bei der Geburt geöffnete Fensterspalt weit mehr als nur eine leichte Brise hineingelassen, vielleicht eine Bora, Tatsache ist, dass es Orte auf der Erde gibt, wo man sich, kaum kann man ohne allzu viel Hinfallen auf zwei Beinen stehen, auf einem Schiff wiederfindet, und noch bevor einem bewusst wird, dass die Sonne aufgeht, sieht man ein weißes Segel auftauchen, und kaum hat man es zum Lausbuben gebracht, weiß also, wie man die Erwachsenen an der Nase herumführt, steht man alleine auf einer Jolle, einem Boot, auf einer vom Wind getriebenen Nussschale, und wie am ersten Tag des Lebens will man sofort hinaus, wird vom Golf noch einmal geboren, noch einmal und noch einmal, zehn, hundert Male, als wäre nicht das Leben, sondern immer wieder neugeboren werden das Ziel, vor und zurück, hinein und hinaus, unsicher, ob es Mittel oder Zweck ist, an dieser Mutterbrust entlangzusegeln, doch so lernt man das Meer zu verstehen, die Inseln, den Wind, so wird man Seemann, so wird man Regattafahrer, oder vielleicht steht alles anderswo geschrieben, im Kleingedruckten der Gene, aber man kann schlicht nicht alles begreifen, und noch viel weniger das Meer, eine Insel – oder einen *Meister des Windes*.

Früher auch Lötzing, auf Italienisch Lussino genannt. Die Insel gehört Agostino Straulino, dem »Meister des Windes« (*padrone del vento*), Held, Admiral, unvergänglicher Seglermythos. Zu seinen ungezählten Unternehmungen gehört auch, dass Straulino eines Tages als Kommandant des 4.500 Tonnen schweren Schulschiffes *Amerigo Vespucci* aus dem Mare Piccolo in Tarent hinaussegelte. Ein außerordentliches Unterfangen – und natürlich verboten. Die Admiralität schrieb ihm zwei Briefe: einen mit einer enthusiastischen Lobrede und einen, um ihm fünfzehn Tage Arrest anzukündigen.

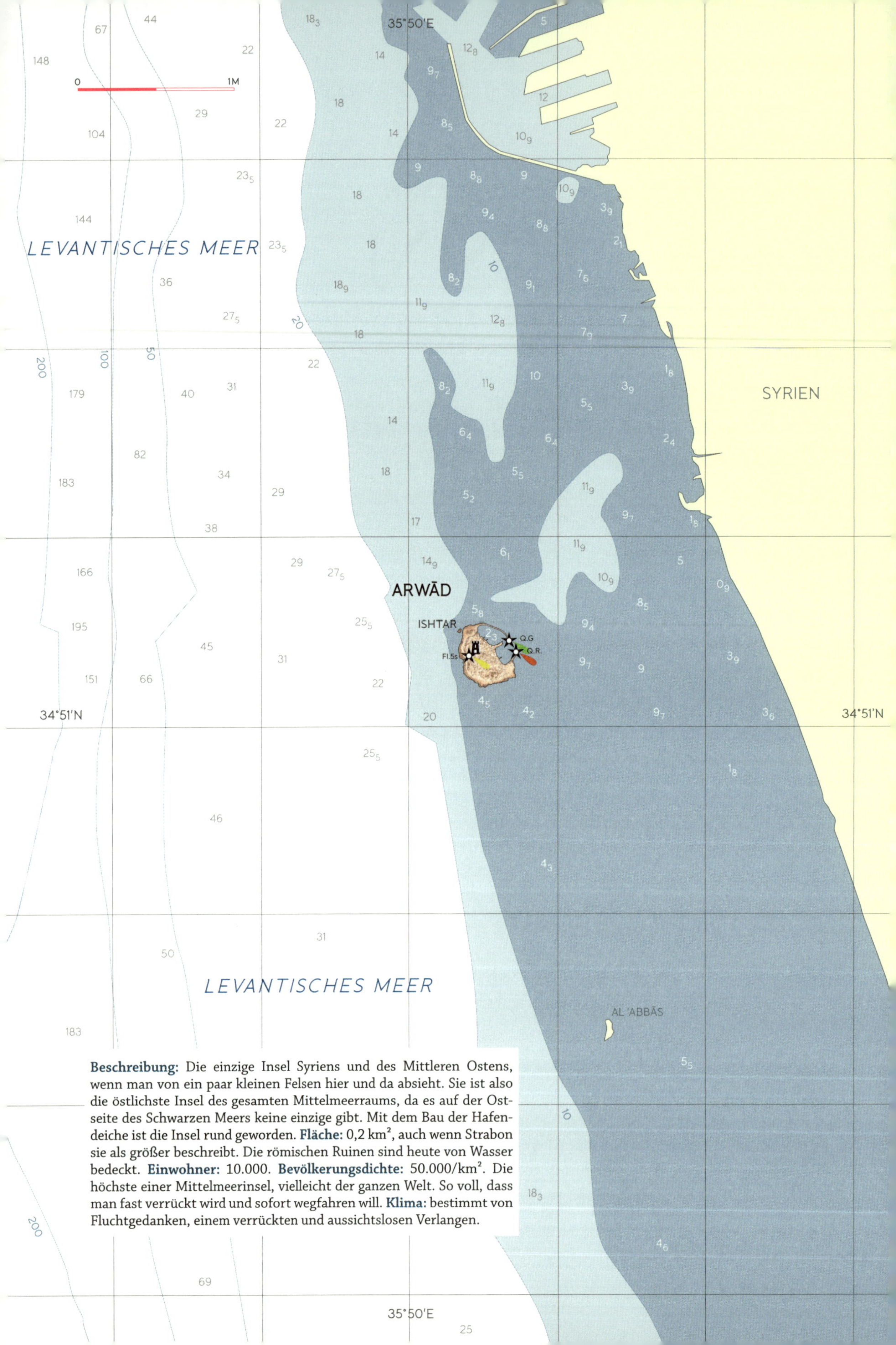

Beschreibung: Die einzige Insel Syriens und des Mittleren Ostens, wenn man von ein paar kleinen Felsen hier und da absieht. Sie ist also die östlichste Insel des gesamten Mittelmeerraums, da es auf der Ostseite des Schwarzen Meers keine einzige gibt. Mit dem Bau der Hafendeiche ist die Insel rund geworden. **Fläche:** 0,2 km^2, auch wenn Strabon sie als größer beschreibt. Die römischen Ruinen sind heute von Wasser bedeckt. **Einwohner:** 10.000. **Bevölkerungsdichte:** 50.000/km^2. Die höchste einer Mittelmeerinsel, vielleicht der ganzen Welt. So voll, dass man fast verrückt wird und sofort wegfahren will. **Klima:** bestimmt von Fluchtgedanken, einem verrückten und aussichtslosen Verlangen.

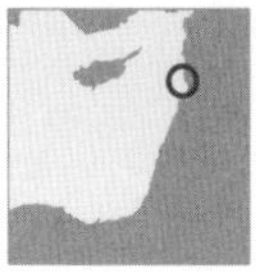

Levantisches Meer

ARWĀD

34°51’22”N • 35°51’31”O

HAFSA LIEF durch den ranzigen Dunst des Abends, der ihr entgegenschlug, Orangen und Fisch. Sie fühlte sich wie ein Löwe, stürzte ohne jegliche Vorsicht die Treppe hinunter, bog in eine enge Gasse, die das Azurblau am Horizont einquetschte. Sie blieb stehen, um die einzigen beiden Wolken am Himmelsgewölbe zu betrachten, die einander seit Stunden umgarnten. Sie erreichte die Terrasse des kleinen Platzes, keine Menschenseele, beugte sich hinüber, hielt sich und fiel. Ein weiterer Schwindel. Sie warf einen leuchtenden Blick zum Becken und hatte den Dickhäuter vor sich; er tanzte im Hafen, ungeschickt und müde. Stach in See, wie das alle seit jeher getan hatten auf dieser häuserbedeckten Insel. Und sie? Sie fühlte sich noch immer wie ein Löwe und dachte an all die Male, die das Schiff, die weiße, stürmische Bestie, vor dem himmelblauen Streifen immer kleiner geworden war. Sie spürte wieder die Nähe der Melancholie, ihrer Zwillingsschwester seit Schulzeiten. Spürte wieder die nagende Beklommenheit vor jeder verpassten Abreise. Ließ ihren Blick auf einer großen, mageren, westlich gekleideten Person ruhen und versuchte sie zu erkennen. Wie viel Zeit war seitdem vergangen?

Dann brach sie in Tränen aus, wie es ihr stets geschah, und begann atemlos und flehend zu sprechen, der Krankenschwester zum x-ten Mal die Geschichte mit dem Dickhäuter zu erklären, der ihre Hoffnung mit sich fortgenommen, sie wie ein Zweiglein Minze zerkaut hatte. Nur dass sie diesmal ja aus der Klinik geflohen und keine Krankenschwester mehr da war und auch keine Pille, die sie zur Beruhigung bekam. Sie war allein. Als sie die Rauchwolke sah, lauschte sie dem Klang der Sirene, und ihre Tränen versiegten. Der Dickhäuter entfernte sich. Noch ein weggeworfener Tag der Hoffnung. Zur besten Abendstunde.

Auch Arados genannt. Die kleine syrische Insel hat eine sehr lange Geschichte. Nach Ramses II. war sie ein winziges Königreich, doch gelang es ihr, die Herrschaft über einige Küstenorte wie Amrit und Tartus zu übernehmen. Berühmt für ihre außerordentliche Flotte, wurde sie auch von Alexander dem Großen respektiert, der die Autonomie der Insel erlaubte. Heute bekommt man ein Gefühl der Beklemmung – und den Drang zu fliehen –, wenn man die Insel vor Häusern ersticken sieht.

Beschreibung: Kleine Insel von gedrungener Form, mit einem einzigen Auswuchs im Süden. Sie ist Teil der Kvarner Inseln. Kahl, aus Steinen und Sträuchern bestehend, beinahe vegetationslos. Wenige Seemeilen vor der Dalmatinischen Küste gelegen. **Fläche:** etwa 4,5 km². **Einwohner:** keine. Den Massen von Gefangenen ist es jedoch nie wirklich gelungen, ihr Gefängnis zu verlassen. **Orografie:** bergig. **Klima:** aus schuldhafter und häufig verkannter Beschämung.

Adriatisches Meer

GOLI OTOK

44°50'20"N • 14°49'07"O

VON HINTEN SCHIEBEN SIE, von vorne bremsen sie. Die meisten schreien sinnlos, ohne dass man irgendetwas heraushören könnte, vielleicht wegen des Durcheinanders, vielleicht wegen der Entfernung. Sie sind bekleidet mit blauen, mittlerweile zerfetzten Kitteln, zottelig wie Hyänen. Sie leben in den Tag hinein, fischen von den Felsen aus, sitzen auf den flachen Steinen und beobachten den Horizont, verschwinden in den feuchten Baracken. Jemand hat versucht, mit ihnen von Weitem über ein Megafon zu kommunizieren, darauf bedacht, nicht zu nahe zu kommen, doch man kann nicht ein einziges klares Wort in dem dämonischen Schwall ausmachen, den sie sich schüttelnd beim bloßen Anblick eines Gleitbootes ausstoßen.

Es heißt, es handle sich um jene, die es abgelehnt haben zu gehen, die sich zwischen den Hütten und dem Angiportus vor diesem Schicksal versteckt haben. Sie sind beinahe alle Seemänner, von jener Sorte, die die Landung dem An-Bord-Gehen, die Plauderei über Routen der Navigation, die blau-beige Seekarte dem echten Blau des Meeres vorzieht. Sie sind die Gefährten des ewigen Rausches, der sich jede Woche wiederholt, dieselbe Bar, dieselbe Stunde, dieselbe Gesellschaft auf derselben Bank, wo man auf Lebenszeit sitzt. Es sind die Männer, die die Last von Abfahrt und Lebewohl nicht tragen konnten, stattdessen die Last der Wehmut bevorzugten, die anfangs immer leichter scheint und schließlich unüberwindbar wird. Was keiner weiß, ist, wie sie ergriffen und auf diese Gefängnisinsel gebracht worden sind, die »Nackte Insel«, letzter Anlegeplatz der Ausgedienten.

Es versteht sich von selbst, dass einige von ihnen zu Unrecht gefangen genommen wurden. Es heißt, solcherlei Fehler seien unvermeidlich, vor allem in der wuseligen Atmosphäre der Häfen und der Anlegeplätze, wo der Handelsbetrieb und das lange angestaute Bedürfnis nach Festland Szenen wilden und unauflöslichen Durcheinanders hervorrufen, Täuschung und Verwechslung sind da an der Tagesordnung. Der Schritt, der einen Mann vom Landungssteg aufs Boot bringt, ist klein, aber ebenso wie sein Gegenteil verhängnisvoll.

Für die meisten dagegen handelt es sich nicht um die erste Verurteilung. An den gleichförmig dahinziehenden Tagen, wenn die Öde und die Ewigkeit, der sie sich freiwillig verschrieben haben, jede Kammer ihres Herzens erfüllt, sitzen sie zusammengekauert im

Sand, malen mit Stöckchen die Umrisse anderer einsamer Inseln, die sie als freie Menschen betreten haben, als sie noch selbst entscheiden und jederzeit wieder in See stechen konnten, und von denen sie nie wieder gänzlich fortgegangen sind. Sie erfinden Märchen, behaupten, sich verirrt zu haben, berufen sich auf Zauberei, Hexen und Missgeschicke aller Art, Schikanen und tödliche Fallen. Häufig erzählen sie von unwiderstehlichen Frauen, die zuerst unterwürfig, dann grausam waren. Sie erzählen, dass ihnen manchmal durch List die Flucht gelang, und dann sammelt sich eine Gruppe Neugieriger um sie, angelockt vom Gedanken an einen unmöglichen Aufbruch. Sie verbreiten fragwürdige Weisungen unter den Verstoßenen und behaupten, man müsse sich verstecken, um die vorbeikommenden Frachtschiffe nicht zu verschrecken. Tatsächlich würde sich beim Anblick der dämonischen Horde niemand diesem Landstrich nähern, doch der größte Felsausläufer am Ende der Bucht könnte sie allesamt verbergen. Weil ihnen nichts Besseres einfällt, willigt ein Verzweifelter nach dem anderen ein, und sie beschließen, nur ein Einziger solle am Strand spazieren. Ein einzelner Mann, der einem Schiff winkt und freundlich mit den Armen fuchtelt, könnte einen unvorsichtigen und schlecht informierten Kapitän anlocken.

Als die Komödie jedoch in Szene gesetzt wird, kommt dem ein oder anderen ein Verdacht. Wurden sie womöglich an der Nase herumgeführt? Sollte der geschwätzige Seemann vielleicht von den übrigen Gefängnisinseln jedes Mal auf diese Weise geflohen sein, indem er die anderen überzeugte, sich fortzuscheren, um ihm freie Bahn zu verschaffen? Und da stürmen sie alle den Felsen hinunter, schlagen den Schoner in die Flucht, der den Winkenden gesehen hatte und im Begriff war, sich ahnungslos der ruhigen Bucht zu nähern. Ihr misstrauisches, das Leben fürchtende Naturell verdammt sie zum grausamsten und häufigsten aller Schicksale: das Schlimmste zu akzeptieren, um nur nichts zu riskieren.

> *Sie erfinden Märchen, behaupten, sich verirrt zu haben, berufen sich auf Zauberei, Hexen und Missgeschicke aller Art, Schikanen und tödlichen Fallen.*

Es ist grauenhaft, die Szenen zu beobachten, wenn sich die Abtrünnigen in die kalten Wellen stürzen, um in Richtung des trägen Schiffes zu paddeln, das mit allen Männern leewärts abdreht und sich unaufhaltsam entfernt. Während das Wasser eilig in entgegengesetzter Richtung des Schiffskiels strömt, sterben die Seemänner am Ballast ihres eigenen Körpers. Am folgenden Tag und auch an den darauffolgenden spottet das Meer den Träumen aller, und die Bucht stellt warnend die Leichen der Ertrunkenen zur Schau.

Nur wenige wissen, dass diejenigen, die diese wiederkehrende Inszenierung anzetteln, keine gewöhnlichen Gefangenen, sondern Agenten der Regierung sind. Sie werden heimlich auf die »Nackte Insel« geschickt, um nicht vorhandene Hoffnung zu schüren, unbegründete Zweifel zu säen, die sich leicht auf die naturgemäß ohnehin zum Defätismus neigenden Gefangenen übertragen. Dies ist die praktischste und am wenigsten kostspielige Lösung, um die Gefangenenpopulation zu regulieren und einen Kollaps der Insel zu verhindern. Ab einer gewissen Zeit, durch gestiegenes Wohlergehen und allmählich schwindenden Abenteuergeist, ist die Angst vor dem Aufbruch tatsächlich zum vorherrschenden Gefühl geworden.

Der Kommandant unseres Segelschiffes kennt die »Nackte Insel« sehr gut, und er hat uns ihre traurige Geschichte erzählt, bevor wir uns näherten. Während wir dort in einigem Abstand treiben, um ihnen keine falschen Hoffnungen zu machen, beobachten wir die Bucht mit dem Fernglas. Sie haben uns gesehen. Einige stehen auf, nähern sich der Wasserlinie. Einer hebt den Arm, bewegt langsam ein Taschentuch, versucht einen Schrei. Die meisten bleiben niedergeschlagen sitzen oder fliehen vor den Blicken ins Gebüsch. An Deck des Schiffes spricht niemand, im dichten Dunstschleier des Morgens denkt jeder an sich selbst. Die letzten Besatzungsmitglieder wachen auf, kommen aus den Kabinen. Den Tag im Angesicht der »Nackten Insel« zu beginnen bietet allen die Gelegenheit, sich einen Augenblick lang vorzustellen, sie selbst würden hier für die eigenen Vergehen bestraft. Tatsächlich erwischt die Justiz nicht alle. Dass wir hier sind, beweist lediglich, das muss man ehrlich sagen, wie fehlerhaft die Fahndungsmethoden sind. Das sollte jedem bewusst sein, auch fern von diesem Ort, in einem beliebigen Hafen, von dem aus wir nicht in See gestochen sind oder wenn wir Geschichten erfinden, um die Leinen nicht loszumachen.

Wenig später passieren wir das Westkap, und der tragische Anblick der »Nackten Insel« verschwindet aus unserem Blickfeld. Einige von uns senken den Blick. Einige lachen nervös. Niemandem gelingt es ganz, sich selbst zu belügen.

Als das Signal zum Frühstück ertönt, pünktlich wie auf jedem Touristenschnellboot, lässt niemand auf sich warten.

Goli Otok bedeutet »Nackte Insel« auf Kroatisch. Auf ihr befand sich ein grausames jugoslawisches Internierungslager. Tito ließ seine Widersacher dort gefangen halten, 16.000 Menschen, von denen 400 an Entbehrung und Folter starben. Bei der Ankunft sollten die Neuen von den Alten gepeinigt werden, eine grausame Operation, die darauf ausgelegt war, jedes Konzept von Solidarität zu zerstören und die Gefangenen zu Raubtieren zu machen, jeder gegen jeden. 1988 wurde das Lager geschlossen. Es gibt im Mittelmeer eine Unmenge Inseln, die als Strafkolonien genutzt worden sind. Heute ist zum Glück die Mehrzahl von ihnen geschlossen. Der Geist des dort Erlittenen ist dennoch an all diesen Orten spürbar.

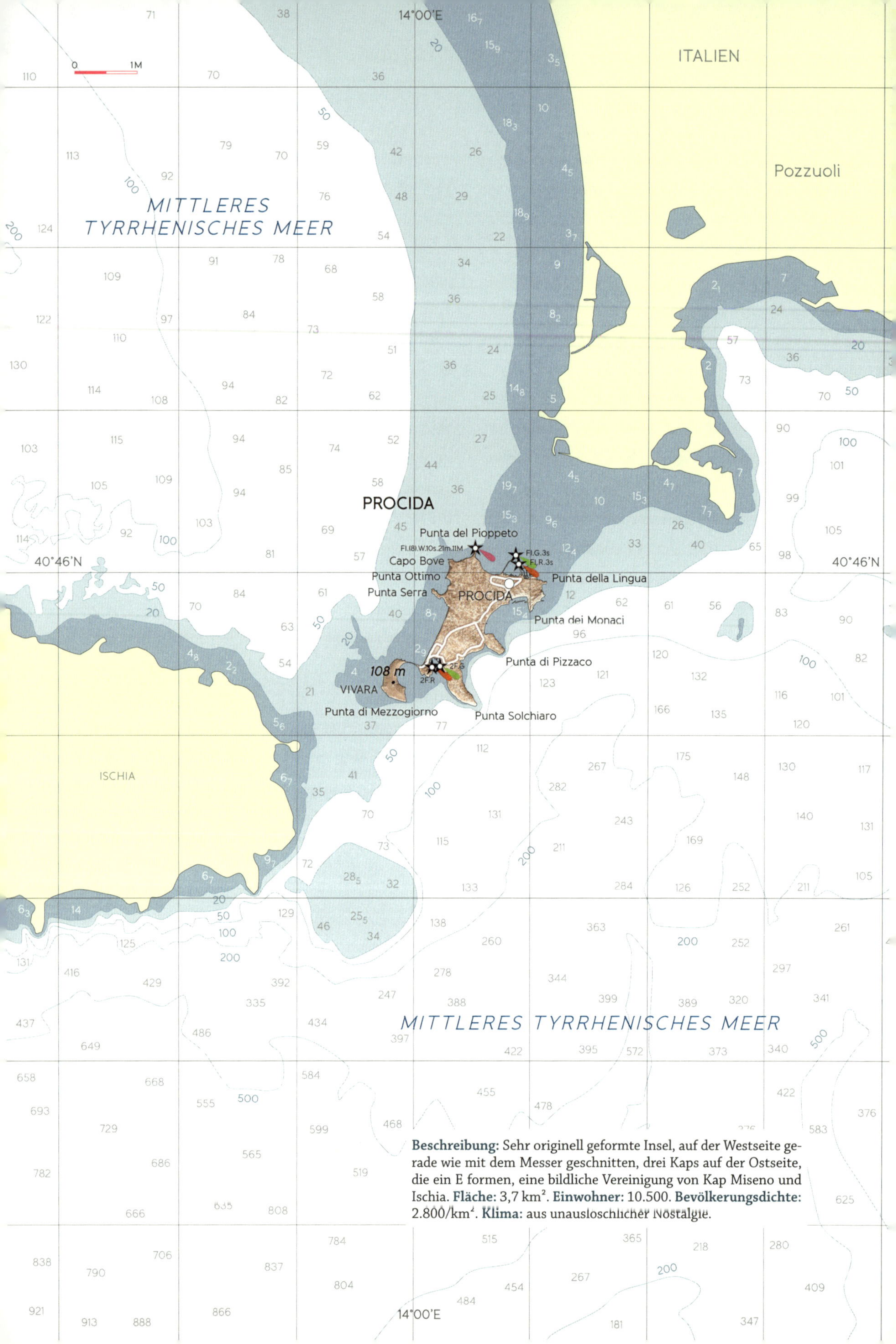

Beschreibung: Sehr originell geformte Insel, auf der Westseite gerade wie mit dem Messer geschnitten, drei Kaps auf der Ostseite, die ein E formen, eine bildliche Vereinigung von Kap Miseno und Ischia. **Fläche:** 3,7 km². **Einwohner:** 10.500. **Bevölkerungsdichte:** 2.800/km². **Klima:** aus unauslöschlicher Nostalgie.

Tyrrhenisches Meer

PROCIDA

40°45'22"N • 14°00'22"O

SIE WAR DIE GANZE ZEIT DA. Wenigstens als ich die Fähre bestieg, diesen enormen, unvorstellbaren Schritt unternahm. Ich sah sie noch einmal von der Seite, als ich den Hafen verließ, auf dem Weg zum Bahnhof. Ein schuldiger Blick mit geschlossenen Augen, um vergessen zu können. Von diesem Moment an überkam mich der Enthusiasmus, der uns erfasst, wenn wir uns verändern, ob wir uns dessen bewusst sind oder nicht. Der Körper spürt das pünktlicher als die Seele und vibriert, löst ein Erdbeben aus, das sich auf die Hände überträgt, auf die Stimme. Und ich habe mein Leben lang gezittert, immer wenn ich an sie dachte, als wäre ich unbewusst überzeugt, einen Fehler gemacht zu haben. Ich habe Ozeane überquert – damals war es noch nicht üblich, das Flugzeug zu benutzen –, später Kontinente überflogen. Ich habe so getan, als könnte ich sie vergessen, indem ich eine neue Sprache lernte, arbeitete, heiratete, Kinder zeugte. Aber nichts davon reichte jemals an dieses Zittern heran, egal welchen Namen ich diesen Gefühlen gab. Ich dachte, es sei etwas anderes, alle glaubten das, dabei war es Liebe. Dann kam der Rest, der nüchterne Gedanke daran, wie mein Leben verlaufen wäre, hätte ich sie nicht verlassen: Was hätte dieses Mädchen, das so gerne mit den Hunden tollte oder dasaß, um Capri beim Verschwinden in der Dunkelheit zuzusehen, wohl getan? Als ich dieses prächtige Apartment in der Upper East Side bezog, ich erinnere mich genau, setzte ich mich auf die Terrasse dieses Wolkenkratzers und blickte nach Osten, in Richtung des fernen Archipels. Unsere Erinnerung an die Orte, wo wir glücklich waren, und an die Worte, die wir gerne gesagt hätten, und wem wir sie gerne zuflüstern wollten, bilden die untrügliche Landkarte unseres Herzens.

Die Insel schließt den Golf von Neapel nach Nordwesten ab, den Capri, ihr ontologisches Gegenstück, im Südosten eröffnet. Ihr Name könnte, so eine der vielen Hypothesen, von griechisch *prochyo*, »ausgebrochen«, kommen und an ihre Ursprünge erinnern: Sie ist vor 50.000 Jahren nach einer vulkanischen Eruption aus dem Meer herausgebrochen. Procida musste Angriffe von Khair ad-Din Barbarossa und Turgut Reis erdulden, der sie viermal überfiel und plünderte und dabei alles in Brand steckte: 1548, 1552, 1558, 1562. Procida ist Schauplatz des wunderbaren Romans *Arturos Insel* von Elsa Morante.

Beschreibung: Große, gedrungene Insel, die größte Nordafrikas und die mit der fünfzehntgrößten Ausdehnung im Mittelmeer. Mit ihren Ausläufern bildet sie eine sehr geschützte, geschlossene Bucht, die ursprünglich nur einen einzigen Zugang besaß. **Fläche:** 510 km². **Einwohner:** 60.000. **Bevölkerungsdichte:** 118/km². **Klima:** unbeugsamer Stolz.

Libysches Meer

DJERBA

33°48'09"N • 10°52'25"O

»**ALLE RUNTER**«, befahl er. Es gibt verschiedene Arten, nachdrücklich zu sein, aber nur eine einzige lässt keinen Raum für Diskussionen: Dass er es ist, der den Befehl gibt, Turgut, der Pirat ohne Furcht, an dem von innen her die nimmersatte Schlange nagt, von dem Ort aus, den wir Herz nennen, etwas, das er nicht mehr hat, vielleicht hat die Schlange es gefressen, noch bevor Doria uns in die Enge trieb, in der Bucht von Djerba, ein einziger Zugang, nur ein Boot auf einmal, eins nach dem anderen, und kein Ausgang, verdammt, aber nicht für ihn, den Reis, der keine Ketten kennt, wo du eine Falle siehst, sieht er den Ausweg, also gingen wir auf sein Geheiß hin alle von Bord, in einer einzigen Bewegung, und am Strand, wir waren stumm, reglos, musterte er uns, als wöge er unsere Fähigkeit oder Unfähigkeit ab, ein Schweigen voller Spannung, das einem die Beine wegzieht, der Blick zu Boden, doch wir spürten den seinen auf uns ruhen, bis hinein in die Gedanken, bis er schließlich den Befehl gab, seine Stimme wie ein Kanonenschlag, und von da an erinnere ich mich an keinen Augenblick der Ruhe, wir haben nicht mehr gegessen, geschlafen, gedacht, nur gearbeitet, ohne zu begreifen, vielleicht ist der Reis verrückt geworden, dann langsam mit aufkeimendem Argwohn, er will sich zum Meer durchgraben? Kann ein Mann auch nur an so etwas denken? Seine Wachen haben hundert Bauern aus dem Landesinneren geholt, und während wir die Boote entluden, hoben sie die Sandbank aus, bis es schließlich tief genug war, da treffe einen doch der Blitz, bis die um alles erleichterten Schiffe schließlich flach genug im Wasser lagen, um hindurchzukommen, dann haben wir wieder aufgeladen, ohne Pause, und jetzt fahren wir stolz, während der große Feind versucht, in die Bucht zu kommen, und überzeugt ist, uns in der Hand zu haben, wo wir doch längst wieder woanders sind, wild, hoffnungslos, für immer frei, für immer frei ...

Arabisch Dschirba. Abgesehen von der hier erzahlten Begebenheit, den »Streich von Djerba«, bei dem es Turgut Reis gelang, Andrea Doria aus der Falle zu schlüpfen, war Djerba 1560 Schauplatz eines anderen tragischen Kriegsereignisses. Turgut versenkte hier über 30 spanische Schiffe und tötete beinahe 6.000 Männer. Aus den Knochen und den Schädeln der Opfer ließ er eine 40 Fuß hohe Pyramide bauen (*Borj al-Ru'ūs*, den »Turm der Köpfe«), die bis zur Mitte des 19. Jahrhunderts von Weitem sichtbar war.

Beschreibung: kleine ukrainische Insel, gegenüber der Mündung des Dnepr gelegen, einem der größten europäischen Flüsse. Eine der wenigen Inseln im Schwarzen Meer. **Fläche:** 0,25 km². **Einwohner:** keine. **Hydrografie:** keine. **Klima:** trübsinnig.

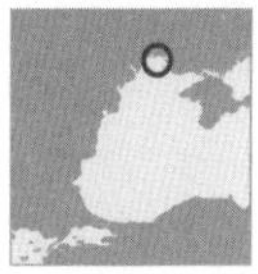

Schwarzes Meer

BERESAN

46°35'56"N • 31°24'43"O

IST ES EINE SCHANDE, sich anders zu fühlen? Sich nach dem Süden zu sehnen? Zu fliehen, das Zuhause, die Familie zu verlassen, zu verlieren, was man hat, wenn man doch nicht das Gefühl hat, es wirklich zu besitzen? Der Reisende verachtet sich immer ein wenig. Und er flieht, weil er verachtet wird.

Nach Wochen auf dem Baltischen Meer, mit nichts im Rücken als diesem Gedankenknäuel, ist es beeindruckend, das Festland wiederzusehen. Und noch mehr, in eine Trichtermündung hineinzufahren. Das Meer, reduziert auf eine schmale Gasse, eine natürliche Scheide, menschliches Vorstoßen in Länder, die unendlich fern erscheinen (»Sollte das der Süden sein?«), und dabei ist es nur die Nordküste Europas. Die Memel schützt vor Stürmen, bringt aber auch Bedrohungen mit sich: Händler, Gendarmen, Plünderer, Zollbeamte, Bettler. Nur wenige kommen näher. Die Galionsfigur des zähnefletschenden Drachens schreckt ab, aber das wird nicht genügen, es wird Kämpfe geben. Der erste friedliche Sonnenaufgang auf der Neris, nach so vielen Meilen Kontinent. Die Fußsohlen in roten Rinnsalen, dicht gedrängt inmitten der schweigenden Mannschaft, langsame Fahrt. Erst auf dem kleinen Fluss Viliya hebt man die Augen und atmet auf.

Bis zur Quelle des Flusses geht die Fahrt, hier geht man an Land, demontiert das Schiff Stück für Stück, baut Transportmittel und unterwirft ein Dorf, um die notwendige Unterstützung und Material zu bekommen. Man geht zu Fuß (»Waren wir nicht Seemänner?«) bis zur Bjaresina, dem ersten Fluss, der nach Süden fließt. Das ist ihr Ziel: nicht die Flussmündung, sondern die Richtung, in die das Wasser strömt. Bis hin zum Dnepr, wo es vor Schiffen nur so wimmelt und man unbeobachtet bleiben kann. Eine nächtliche Belagerung am Ufer eines großen Sees erinnert Grani daran, wie weit entfernt sie davon sind anzukommen. Karl wird verletzt. Wird er durchhalten bis zur Großen Stadt?

Der Fluss schwillt an, verengt sich, verbreitert sich, heimtückische Stromschnellen und Sandbänke. »Wie viele sind wir noch?« Karl ist blass, er braucht frisches Essen. Fischer fliehen bei ihrem Anblick und bleiben einen ganzen Tag auf Abstand. Dann ein Nicken, ein Feuer, der Fang zum Tausch. Niemand hat Lust zu kämpfen. »Was habt ihr geladen?« »Schicksale«. »Dann seid ihr wie wir, und unter Gleichen gibt es keine Feinde.« Ausgestreckt unter einem Bärenfell, kehrt die Farbe zurück in Karls Gesicht, lächelnd verfolgt er die Tänze. Der Morgen danach enthüllt, wie verwildert die Männer sind, und der Himmel beweint ihre Abschiedsgesten. Die Reise ist lang, die Große Stadt noch fern. Hinweise, Empfehlungen, dann geht die Fahrt weiter. An der letzten Biegung, als niemand mehr ein Ende erwartet (»Wie lange sind wir schon unterwegs?«), verschlägt die Mündung des Dnepr allen die Sprache. Wer aus den Eingeweiden eines Kontinents kommend das Meer erreicht, begegnet ihm also schweigend. Alle erwarten ein Segel, das aufgezogen wird, Ruder, die wieder ins Wasser tauchen, die Weite, ohne feindliche Ufer, die Weite und das offene Meer, das man mit einem einzigen Atemzug in sich aufnimmt. Doch nein. Wie man vom Festland aus das Meer ersehnt, wünscht man sich vom Meer aus sofort ans Land. Und da ist sie: eine Insel. Die Rettung eines jeden Seemanns. Beresan, die griechische Borysthenēs, die anatolische Pirezin, eine Insel, nur wenige Seemeilen von der Mündung entfernt, wo man sofort anlanden kann. Karl antwortet nicht, vielleicht schläft er. Das jedenfalls hofft Grani. »Wir sind da«, sagt einer. Aber alle wissen, dass das nicht stimmt.

> *Die Toteninseln, die wir im Kielwasser zurücklassen, sind erst dann Inseln des Lebens, wenn wir sie am Bug auftauchen sehen.*

»Mein Freund, gehe nicht. Du musst die Herrlichkeit der Stadt wiedersehen.« »Ich werde sie nicht wiedersehen, Grani.« »Aber unsere Pläne, endlich frei zu sein.« »Ich werde es nicht mehr erleben, Grani.« »Du kannst nicht gehen. Das wird meine Liebe nicht zulassen.« »Deine Liebe vermag nichts, Grani. Sie ist nicht mehr als das, was zwischen Erwartung und Bedauern passt.« Karl schließt die Augen, wird von einem Husten geschüttelt. »Mache du, was wir uns in den kalten, langen Nächten des Nordens erträumt haben. Tue es auch für mich. Ich werde auf irgendeine Weise … über dich wachen.« »Wir wollen ein neues Leben anfangen, Karl, weit weg von den Verleumdungen im Dorf, den Vorurteilen. Wir müssen den Fischhandel beleben, diese Seemänner werden fischen, wir werden einen kleinen Laden am Bosporus eröffnen.« »Wir haben … immer mit dem Herzen gesprochen, und wir haben gut daran getan, Grani. Aber das Herz schlägt nicht im selben Rhythmus wie die Zeit. Versprich mir … dass du unsere Pläne verfolgen wirst. Denke daran, dass wir zusammen Waräger waren, wir sind also *Hetairoi*, Gefährten. Wir wurden es auf dem Feldzug in Italien, weißt du noch? Du hast mir das Leben gerettet … Ich rettete es dir gegen die Seldschuken, und zusammen konnten wir vor dem Angriff der Kreuzritter auf Byzantion fliehen, als die Waräger-Kompanie sich auflöste. Wir sind Wikinger, Seefahrer, Handelsleute, Piraten, und bei unserer Rückkehr nach Hause, in den Norden, fühlten wir uns fast wie betäubt …« Grani spürt ein bitteres, heißes, schwarzes Meer über seine Wangen fließen. Er hält den Blick auf die Insel gerichtet, diesen Zipfel Erde, und hat eine düstere Vorahnung des nahenden Endes. »Wie traurig war Gotland, nachdem wir so viel von der Welt gesehen hatten, weißt du noch, Grani? Wir konnten nicht so zusammenleben, wie wir es wollten ... Wir sahen kein Licht mehr. Wir hatten keine Wahl mehr. Da begannen wir, vom Süden zu träumen, der uns so fehlte. Die Länder und Meere unbegrenzter Möglichkeiten. Wir beschlossen fortzugehen, alles hinter uns zu lassen, diesen ausgestorbenen Landstrich, dieses erstarrte Volk. Sesshafte Wikinger in Schäfer- und Bauerndörfern, wie absurd!« Karl hustet keuchend, als atmete er nur schwerer. Er ist blass, kraftlos, und er wirkt schon viel kleiner, das zierliche Maß des Todes. »Wir sind aufgebrochen, Grani, das macht uns zu ... freien ... Männern ... noch ... immer ... lebendig ... Ich bitte dich, lass mich hier, im Meer, auf einer Insel zu sterben ist ein guter Ort für einen Seemann. Und du zieh weiter, schau nicht zurück. Auch um meinetwillen ...«

Es wird geschrien, es wird hantiert. Tage später ist es an der Zeit, wieder aufzubrechen. Die Männer haben sich ausgeruht, und viel Wasser, viele Gefahren muss ihr Bug noch überwinden. Doch Grani spürt nichts mehr. Toteninsel. Borysthenes. Auf der Anhöhe liegt ein grasbewachsener Tumulus, ein Kurgan. Grani gräbt, denn er will, dass Karl unter diesem Knochenpalast liegt, unter den antiken Bewohnern der letzten Behausung. Er gräbt zwischen den staubigen Schienbeinen, gräbt nach dem Ende der Zeit. »Auch ich werde hier sterben, Karl. Du wirst nicht lange alleine bleiben.«

Die Toteninseln, die wir im Kielwasser zurücklassen, sind erst dann Inseln des Lebens, wenn wir sie am Bug auftauchen sehen. Es ist entscheidend, von welcher Seite des Schiffs man sie betrachtet. Die Zeitspanne zwischen Ankunft und Abfahrt dient dazu, den furchtbarsten aller Götter anzurufen, den von Abschied und Beerdigung. Und wenige Worte in den Stein zu meißeln: GRANI MACHTE DIESEN GRABSTEIN IN ERINNERUNG AN KARL, SEINEN GEFÄHRTEN.

Die Routen, die nicht entworfen werden können, tun weh. Jene, die nicht mehr befahren werden können, sind todlich. Nach den Kämpfen, dem Blutvergießen, nachdem sie Felsstürze und die sandigen Untiefen des Dnepr überwunden hatten, nach all dem Hunger und der Kälte, war das also der Süden. Ein grüner Grabhügel, der immer kleiner wird, in der Kielwelle verschwindet.

Der Archäologe Ernst von Stern fand bei den Ausgrabungen einen Totenschädel auf einer behauenen Steintafel. Es handelte sich um einen Runenstein, der sich heute im archäologischen Museum von Odessa befindet. Seine Inschrift überliefert uns Granis Schmerz um Karl, zwei Wikinger auf der Reise von Gotland nach Byzantion. Auch Pjotr P. Schmidt, Kommandant der Reichsflotte, die während des Aufstands von Sewastopol (1905) meuterte, starb auf Beresan. Er wurde am 19. März 1906 von der Besatzung des Kanonenbootes *Terets* hingerichtet.

Beschreibung: niedrige, flache Insel, nach Chergui die zweitgrößte der kleinen Kerkenna-Inselgruppe. Von dreieckiger Form, mit der Hypotenuse im Norden, liegt sie wenige Seemeilen östlich von Sfax, im Golf von Gabès. **Fläche:** 70 km². **Einwohner:** 14.000 im ganzen Archipel. Im Sommer schnellen die Zahlen hoch auf 150.000, wenn die vielen Emigrierten über die Ferien in die Häuser ihrer Familien zurückkehren. **Hydrografie:** absolut gar keine. **Klima:** der Trennung, der atavistischen Distanz zwischen Mensch und Geschichte.

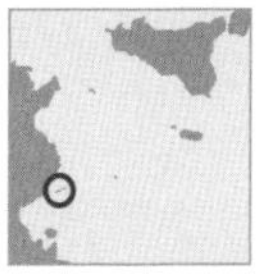

Libysches Meer

GARBI

34°39'01"N • 11°02'29"O

»**HABIB**«, sagte er auf der Schwelle zu mir, ohne dass ich ihn darum gebeten hätte. Für die Fischer sind Namen Schall und Rauch. Sie nützen nur auf dem Festland. Es war auch ein Italiener dabei. Ich hatte Meerbarben, der Italiener roch ihren Duft und lächelte. »Weißt du, wer ich bin?«, fragte Habib. Der Italiener behielt die Zufahrt zu den Molen im Auge. »Wir werden bald die Franzosen vertreiben«, sagte er und fügte hinzu, er diene dem Vaterland. Ich legte den Fisch auf den Tisch, Öl, Knoblauch, Salz und Tomate. Ich sagte, dass die Franzosen den Meerbarben weder gut noch schlecht täten. Ich überließ ihnen meine Matratze. Ich sah, dass der Italiener bewaffnet war.

Bei Sonnenaufgang kochte ich Kaffee und ging. Auf dem Markt kontrollierten die Gendarmen meine Papiere. Sie stellten allen dieselbe Frage: »Habt ihr Bourguiba gesehen? Helft ihr den Feinden Frankreichs?« Ich hielt den Mund. Mit Gendarmen spricht man nicht, außerdem kannte ich seinen Nachnamen nicht.

Tage später wirkte Habib erschrocken. Er bat mich, ihn aufs Meer hinauszufahren. Ich sagte ihm, es sei kein Zuckerschlecken, gegen den Scirocco zu segeln. Er kotzte die ganze Zeit, und der Italiener war himmelblau angelaufen. Ich setzte sie an der Grenze zu Libyen ab, sie sahen aus wie zwei Gespenster. Mit der wenigen verbliebenen Kraft umarmten sie mich, Habib fester. Ja, er ist der auf dem Foto. Jemand hat mir Geld geschickt, ich glaube, dass er es war, nach der Unabhängigkeit. Es lag ein Ordensband mit den Symbolen der Republik dabei. Ja, eine Medaille. Und Geld. Ich habe einen Motor für meine Feluke gekauft, den schwarzen. Er kommt aus Italien, ein guter Motor. Ein Motor ist praktisch, vor allem, wenn man auf Sand aufläuft.

Das war's mit Habib. Ja, den Italiener habe ich wiedergesehen … Naja, Sie haben mich nicht gefragt. Er hat die Rede im Fernsehen gehalten, als die Raffinerie eröffnet wurde. Er ist alt geworden. Ja, ich bin sicher. Er war es.

Gegen Ende der vierziger Jahre versteckte sich der künftige Gründungsvater des unabhängigen Tunesiens, Habib Bourguiba, auf der Flucht vor den Franzosen bei einem Fischer auf den Kerkenna-Inseln. Nach einigen Tagen verschwand der gebürtige Berber Bourguiba ins Exil nach Libyen, das er über das Meer in einem Fischerboot erreichte. Nach seiner Rückkehr in die Heimat führte er die Bewegung an, die Tunesien 1956 schließlich die Unabhängigkeit brachte, ohne Blutvergießen, ganz anders als im algerischen Bürgerkrieg.

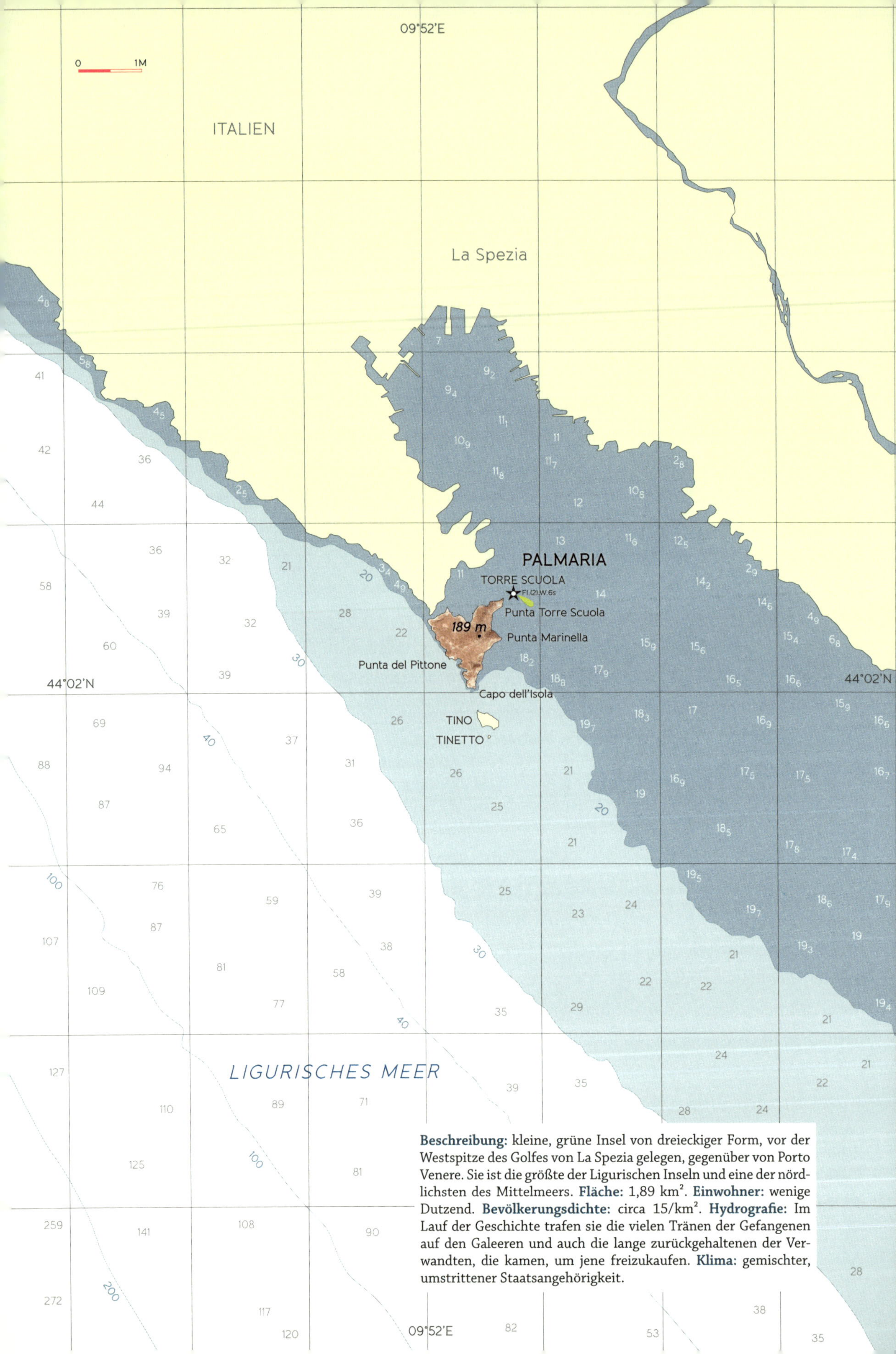

Beschreibung: kleine, grüne Insel von dreieckiger Form, vor der Westspitze des Golfes von La Spezia gelegen, gegenüber von Porto Venere. Sie ist die größte der Ligurischen Inseln und eine der nördlichsten des Mittelmeers. **Fläche:** 1,89 km². **Einwohner:** wenige Dutzend. **Bevölkerungsdichte:** circa 15/km². **Hydrografie:** Im Lauf der Geschichte trafen sie die vielen Tränen der Gefangenen auf den Galeeren und auch die lange zurückgehaltenen der Verwandten, die kamen, um jene freizukaufen. **Klima:** gemischter, umstrittener Staatsangehörigkeit.

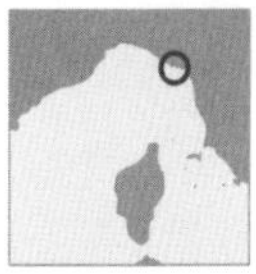

Ligurisches Meer

PALMARIA

44°02’34”N • 09°50’39”O

BEIM AUFPRALL DES ANKERS entspannen sich die Muskeln, aber niemals vollständig. Die Ligurier, treuloses Volk, bedrohlichere Seemänner als sonst irgendwo. Unter ihnen dieser Doria, der Schlimmste von allen, ein listiger Pirat. Der kann im Handumdrehen an deiner Bordwand auftauchen.

Wind aus Westen, der Richtung der Gefahr. Den Anker hat Turgut zwischen Palmaria und Tino geworfen, um den Westen im Auge zu behalten. Er schaut und wartet. Zwei Tage wird er stillhalten, dann wird er Richtung Tunis in See stechen. Schiffe voller Gefangener, an denen die Ruderboote der Verwandten längsseits andocken, Geld und Gold in den Händen, um eine Tochter, einen Vater auszulösen. Seine Späher haben erfahren, dass Genua verfügt hat: »Nähert euch ihnen nicht weinend; gebt euch gleichgültig, um den Preis nicht in die Höhe zu treiben. Löst nicht den Sohn eines Nachbarn aus, um ihn dann zum doppelten Preis weiterzuverkaufen.« Verflixte Kaufleute.

Turgut geht allein von Bord, um auf der Insel zu jagen. Er will ein zartfleischiges Kaninchen, das er am liebsten mit Zwiebeln, Wein, Knoblauch, Pinienkernen, Rosmarin und Oliven zubereitet mag, so wie sie es in dieser Gegend essen. Bewohner des Mittelmeers, die den Pelz den Schuppen vorziehen.

Die Mannschaft versorgt in der Zeit ihre Wunden, löscht ihren Durst, schläft. Der Sommer ist vorbei. Bald werden die ersten Stürme kommen. Ab September beobachten sie den Himmel wie sonst nie, Richtung Ligurien. Von dort kommen die großen grauen Massen, die Scirocco und Libeccio anziehen.

Und trotzdem überfüllt Turgut die Melancholie. So weit entfernt von seiner geheimen Liebe in der Einsiedelei einer Insel im Süden. Doch da ist noch mehr. Eine seltsame Vertrautheit mit diesen Küsten, die nicht sein Zuhause sind, die dem Feind gehören, die Gefahr bedeuten oder Beute, und doch …

Nach ihren Beutezügen ankerten die osmanischen Piraten und die Barbaresken-Korsaren zwischen den Inseln Palmaria und Tino und warteten zwei Tage, damit die Verwandten der Entführten kommen konnten, um ihre Angehörigen zu befreien. Dann stachen sie in See, um ihre übrige Beute auf dem Sklavenmarkt von Tunis zu verkaufen. Kam es so weit, bestand die einzige Hoffnung, um einen entführten Verwandten zurückzuholen, in der Fürsprache der jüdischen Gemeinde Livornos.

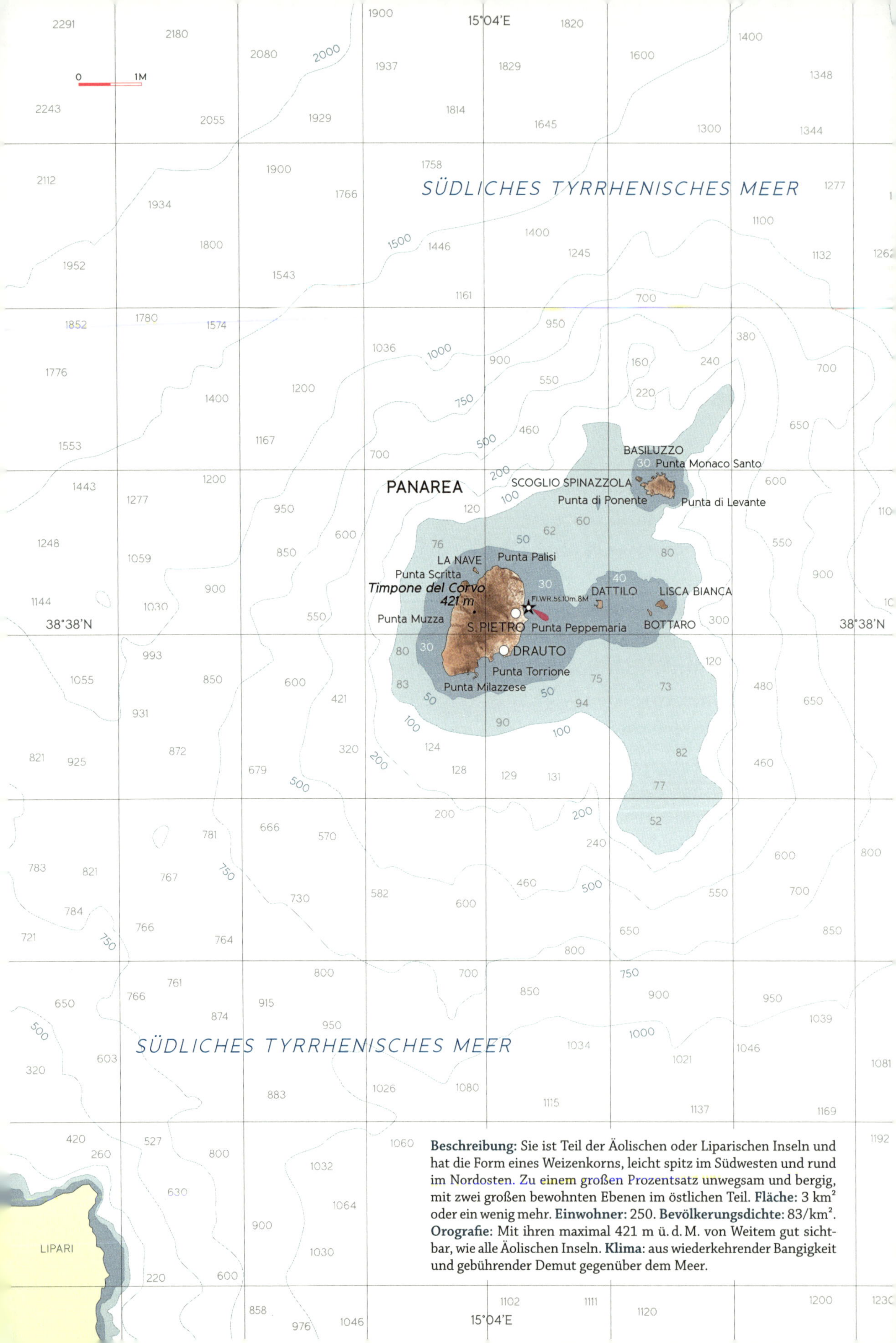

Beschreibung: Sie ist Teil der Äolischen oder Liparischen Inseln und hat die Form eines Weizenkorns, leicht spitz im Südwesten und rund im Nordosten. Zu einem großen Prozentsatz unwegsam und bergig, mit zwei großen bewohnten Ebenen im östlichen Teil. **Fläche:** 3 km² oder ein wenig mehr. **Einwohner:** 250. **Bevölkerungsdichte:** 83/km². **Orografie:** Mit ihren maximal 421 m ü. d. M. von Weitem gut sichtbar, wie alle Äolischen Inseln. **Klima:** aus wiederkehrender Bangigkeit und gebührender Demut gegenüber dem Meer.

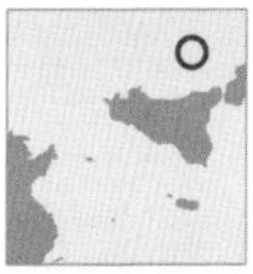

Tyrrhenisches Meer

PANAREA

38°38’08”N • 15°03’53”O

IM SOMMER sind die Frauen hübscher, und die Männer scheinen weniger intelligent. Immer vorausgesetzt, dass die Frauen im Winter nicht sehr anziehend sind und die Männer Scharfsinn besitzen. Um diese sommerliche Streitfrage in den Illustrierten zu lösen, könnte ein Sturm von Nutzen sein, einer von denen, die im südlichen Teil des Tyrrhenischen Meers ganz plötzlich aufziehen, üblicherweise im Juli. Schauplatz könnte eine schöne und mondäne Insel sein, ein mit Bojen abgesteckter Bereich, Frischluftterrassen mit Aussicht. In die Szenerie müssten wir auch noch ein stummes pochendes Herz hineinversetzen, schwache, aber hörbare Schläge, noch vor Sonnenuntergang. Eine Vorhersage mahnt zur Vorsicht, doch der Himmel ist blau, mit einigen weit entfernten weißen Wolkenknäueln. Nichts kann eine lachende Sommernacht bekümmern. Schlauchboote erreichen die Mole, aus ihnen steigen Frauen, die zu elegant sind für das Meer. Das Mittelmeer, das hämische (manische), scheint zu lächeln. Beim Näherkommen wird der Herzschlag lauter, und am Eingang des Lokals – das wir um der Exotik Raja willen nennen – wirkt die sonst unbegreifliche Welt vollkommen. Die Luft ist nur ein wenig feucht, doch das dürfte nicht stören, falls es überhaupt jemand bemerkt. Von Osten her haben sich die Wolken verdichtet und verdunkelt, doch das kann gegen die Musik, die eiskalten Cocktails, die Spaghettiträger, die auf die Schlüsselbeine des Eros fallen, nichts ausrichten. Im Übrigen findet sich hier auf Panarea, auf dieser idealen Terrasse, jeden Sommer ein gigantisches Ego ein, um die dionysische Orgie des Lebens zu feiern.

Es darf darum nicht überraschen, dass die eine oder andere Böe auffrischt, frischer als geboten, und niemand es bemerkt. Ausgenommen vielleicht zwei oder drei Kapitäne, Leute mit Respekt vor dem Meer. An der vordersten Balustrade lehnend, haben sie aufgehört, das Elixier der Freude zu schlürfen, und schauen ernst nach Osten. Deshalb verpassen sie in ihrem Rücken das Dutzend tanzender Sirenen, nackt genug, um Verlangen zu wecken, und schöner als nötig. Die Najaden des Mittelmeers tanzen, ihre salzlosen Haare wogen, ihre jungen Hüften beschreiben unaufhaltsame Spiralen. Alles, was im Leben eines Mannes aus der Bahn geraten ist, spiegelt sich hier wider. Beim ersten Windstoß schauen einige nach Nordwesten. War denn nicht angekündigt, dass die schnelle Böe, die niemanden ernsthaft beunruhigen, nur daran erinnern sollte, dass der Himmel über den Göttlichen wie den Sterblichen steht, von dort kommen würde?! Doch von der Seite des Mistralwinds erreicht sie nur das gebrochene Licht der letzten Sonne, die inzwischen am wolkenlosen Himmel verschwunden ist. Nichts zu verzeichnen. Nur dass das ferne Tiefdruckgebiet, jetzt schwarz und kompakt und vertikal aufragend, sich von Nordosten her nähert. Und wie es das Schicksal will, dreht der DJ gerade in diesem Moment voll auf, und man muss sagen, er hat geschickte Finger. Unwiderstehlich füllt sich die Tanzfläche. Wir müssen uns jetzt vorstellen, dass die Tanzflächendichte eine Variable der Trunkenheit ist, so wie die Formel der Haut den Algorithmus der Empfindlichkeit enthält. Dem, was ihr sehen könnt, fügt ihr der Vollständigkeit halber etwas hinzu.

Eine Vorhersage mahnt zur Vorsicht, doch der Himmel ist blau, mit einigen weit entfernten weißen Wolkenknäueln. Nichts kann eine lachende Sommernacht bekümmern.

Die jungen Kapitäne jedoch sind alarmiert. Nicht zu wissen, was gleich geschieht, beunruhigt sie nur teilweise. Das erklärt die leichte Verzögerung ihrer Reaktion. Um wenige Minuten bloß, muss man sagen, aber das genügt, um alles dringlicher zu machen. Zuerst löst sich einer, dann die anderen beiden von der Brüstung, bahnen sich einen Weg durch die Menge, steuern den Ausgang des Raja an, stürmen den Abhang hinunter durch Gassen und den Hafen. In diesem Augenblick trifft die erste Ohrfeige die Insel. Noch ist es eine zärtliche Geste, aber von jener Liebe, die ein Kind erst als Erwachsener verstehen lernt – und nach langer, sehr langer Psychoanalyse. Die drei jungen Kapitäne laufen auf die Mole und sehen die Wellen bereits hochschlagen. Der Wind brüllt dreimal mit tiefer Stimme, ein antiker Kriegsschrei. Das Echo des pochenden Herzens der Musik verstummt im Getöse. Sie springen an Bord der Schlauchboote, lösen die Leinen und verschwinden in die Nacht. Schaum, Wind und Geheul prallen ihnen senkrecht entgegen.

Im Raja lenkt dieser Wind nur einige Blicke auf sich, aber längst nicht alle. Was uns hier unten zurückhält, überlässt nur selten seinen Platz den Göttern. Nicht weit von hier wurden vor vielen Jahrhunderten die mutigen Männer der Odyssee auf ähnliche Weise abgelenkt und dank der gleichen Falle auf unabsehbare Zeit in eine Horde Schweine verwandelt. Hätten wir diese Männer mondän, eitel, oberflächlich nennen können? Sie waren nach dem langen Krieg auf dem Weg nach Hause, und doch gelang es ihnen nicht, aufzustehen und einzusehen, dass es Momente gibt, in denen man fliehen muss.

Der Vollständigkeit halber muss hinzufügt werden, dass es bei einem Sturm besser ist, davor oder danach zu agieren, niemals währenddessen. Die große Verspätung, mit der die Tanzenden begreifen, was gerade geschieht, rettet wahrscheinlich einigen das Leben. Was wäre geschehen, wenn sie alle schreiend und verängstigt in den Hafen gestürmt wären und versucht hätten, ihre Boote vom Ankerplatz loszumachen?

Innerhalb weniger Augenblicke erhebt sich die Hand Poseidons aus dem Wasser und wälzt das Meer ab, das sich auf seinem Rücken angesammelt hat, die Wand aus schwarzen Wolken erreicht die Insel, drohend ragen sie über ihr auf, fegen mit Kanonenschlägen über den Hafen hinweg, wecken das Antlitz der schlafenden Perle mit gnadenlosen Sturzwellen eisigen Wassers, entladen die Wucht ihrer mächtigsten Winde auf allem, lassen alles, was nicht Stein ist, in einem Wirbel auffliegen, fallen ein in die trockene Welt zur üblichen Rache. Das Meer erinnert alle daran, wer hier das Sagen hat, und sagte einer, es fehle ihm an Diplomatie, so antwortete es, das könne kaum als Neuigkeit gelten.

Die drei Kapitäne, gerettet wie alle guten Seemänner durch demütigen Gehorsam vor dem Unergründlichen, haben gerade noch rechtzeitig ihre Schiffe erreicht, die Schlauchboote den Wellen überlassen, den Anker gelichtet, als es fast schon zu spät war, und fliehen in den Schutz des Libeccio, hin und her geworfen von den Richtungswechseln, in denen der Gregale sich so gerne verliert. Eingesperrt im Bauch des Schiffes wie freiwillig in die Falle gegangene Mäuse, halten sie sich fest, um nicht zu sterben, und vertrauen auf das einzige Gesetz, das sie kennen: Bleibt man an Land, verliert man die Schiffe, und die einzige Art, sie zu retten, ist in See zu stechen.

Stundenlang, Nussschalen am Rande des Abgrunds, finden sie abwechselnd Rettung und Verderben, ein Fetzen von einem Segel am Bug, unbeherrschbare Schiffe, die allein der Route folgen, die der Wind ihnen aufzwingt. Bis sie sich schließlich, wie irgendwann jeder Seemann, daran gewöhnen, oder vielleicht spüren sie auch, wie der Wind abflaut. Sie gehen hinaus an Deck, das noch immer von wütenden Böen gepeitscht wird, suchen ein Licht, irgendeine Verbindung mit Mutter Erde. Sie versuchen, näher heranzufahren, kentern, versuchen es wieder, bis das Wüten sich wirklich legt, die Segel fassen wieder Mut, sie klettern in die Höhe, man kommt wieder auf Kurs, bis die aufgehende Sonne auch den Seemännern wieder Mut macht, und siehe da, endlich eine Insel; sie halten drauf zu und erreichen sie. Und mit Schrecken erblicken sie …

In der Nacht des 31. Juli 2003 traf ein Sturm Panarea mit einer Geschwindigkeit von achtzig Knoten, versenkte siebzig Schiffe und richtete beträchtlichen Schaden an. Das Bild, das sich am folgenden Morgen bot, mit auf Grund gelaufenen oder mehrere Meter weit auf die Insel geschleuderten Schiffen, war grauenhaft. So etwas geschieht, und gar nicht so selten, auf den Äolischen Inseln. Es ist kein Zufall, dass Odysseus gerade hier den Windsack bekam, der, als einer seiner Seemänner ihn in Sichtweite Ithakas aus Unachtsamkeit öffnete, einen Sturm heraufbeschwor, der sie wieder fortblies.

Beschreibung: Gedrungene Insel aus Kalkstein, mit einer Spitze, die sie nach Norden hin verschlankt. Ihre höchste Erhebung erreicht 278 m ü. d. M. **Fläche:** 5,5 km². **Einwohner:** ein wenig mehr als 200. **Bevölkerungsdichte:** 36/km². **Klima:** blinden und romantischen Stillstands.

Tyrrhenisches Meer

LEVANZO

38°00'02"N • 12°20'06"O

ER SAGTE: »Ich werde nicht zurückkehren.« Sie blieb ungerührt. Sie sah ihn so lange an, bis er gezwungen war zu gehen, ohne noch ein Wort zu verlieren. Sie sah ihn so aufmerksam an, dass die Farben seines Gesichts (das Schwarz der Augenbrauen, das Rosa der Lippen, sein dunkler Teint) in seinem bereits fernen Gesicht ineinander verschwammen. Sie nahm diesen Mann so fest in den Blick, dass sich die Steinmauern, die alte Kirche, der ein oder andere von seinem eigenen Schatten verfolgte Passant über sein Bild schoben. Sie stand da und sah ihn an, während er standhielt, aufgab, verschwand, und vor allem betrachtete sie ihn, als sie ihn nicht mehr vor sich hatte. Sie sah, dass seine Abwesenheit Farben auslöschte, die von ihm ausgegangen waren, den Gegenständen ihren Schatten wiedergab, die Plastizität des Raums zusammenschrumpfte. Sie stellte fest, dass der Raum, den er ausgefüllt hatte, kleiner war, als sie sich vorgestellt hatte, und darüber dachte sie lange nach. Sie erinnerte sich an einen traurigen Nachmittag, ein graues Dunkel, an dem das Leben zerbrochen war, und trotzdem war sie spazieren gegangen, weinend. Dann starrte sie wieder vor sich hin, ohne sich von der Stelle zu bewegen, und sie trennte sich von allem, für immer.

Eines Tages, viele Jahre später, kam er wieder durch diese Gasse auf der kleinen Insel, trat hin vor das Schicksal, an die Ecke, wo die Erinnerung wohnte. Er ging langsam, wollte fliehen. Hob den Blick und erkannte sie, eine alte Frau, in derselben Haltung, in der er sie zurückgelassen hatte. Der Abglanz eines Gefühls schien auf, und er hustete einen Schwall Rauch aus. Er tat einen Schritt, näherte sich ihr mit einer Grimasse der Zärtlichkeit im Herzen. Als er vor ihr stand, bemerkte er, dass sie blind war und dass ein Fleck ausgeblichener Farbe ihr Gesicht umrahmte.

Wenige Häuser, keine befahrbare Straße, zweihundert Einwohner, dezimiert durch die Abwanderung. Levanzo ist ein Ort des Anfangs und des Endes. Wie im 2. Jahrhundert v. Chr., als die römische Flotte unter dem Kommando von Gaius Lutatius Catulus sich in ihren Gewässern versteckte, um die Karthager unter Hamilkar Barkas in einen Hinterhalt zu locken. So endete der Erste Punische Krieg. Doch nicht alles, was zu Ende geht, ist auch wirklich abgeschlossen …

Beschreibung: Teil der Ionischen Inseln, von außergewöhnlicher Form, wie ein umgedrehtes L, dessen kürzere Seite von Ost nach West verläuft, die andere von Nord nach Süd. Sie bildet einen großen Mittelmeergolf. **Fläche:** 22,3 km². **Einwohner:** 1.000. **Bevölkerungsdichte:** etwa 45/km². **Klima:** aktiven Widerstands, kein bisschen eitel, sondern notwendig.

Ionisches Meer

MEGANISI

38°39'04"N • 20°45'30"O

DER BUG DES SCHIFFES durchpflügte das stille Wasser. Niemand sprach. Jemand ging sinnlos unter Deck und tauchte wieder auf. Ohne Wind und beinahe am Ziel angekommen, gab es nichts mehr zu tun. Nachdem sie das Kap umschifft hatten, drehte der Bug nach Norden, vorbei an der Insel. Und da sahen sie es: eine Narbe in der Küste, eine Wunde, die gerade erst aufgerissen schien, mit den weißen Rändern und schwarzen Punkten einer beginnenden Nekrose. Wie ein unterdrückter Schrei. Der Kapitän hatte schon davon erzählt. Diese Obszönität hatte es letztes Jahr noch nicht gegeben. Die Böschung aus Geröllschutt und Staub reichte bis zum Meer. Sie sahen das Grauen der Bulldozer vor sich, im Grün der unberührten Macchia. Diese Wunde begann im Norden und zog sich bis zur Südküste, zum Kap, und endete dort im Nichts.

Der Bug schlug nun keine Wellen mehr im spiegelglatten Ölfilm des Meeres. Die Ketsch lavierte einige Augenblicke, vollendete ihre Volte. Der Anker plumpste ins Wasser, gefolgt vom Gewirr der befreiten Kette. Dann kehrte die Stille zurück. Ein Fischer näherte sich, wies darauf hin, dass dort am Ende der Bucht Netze lagen, mahnte zur Vorsicht. Sie murmelten, ein Gespräch unter Seemännern, stets auf das Wesentliche beschränkt. Ihnen drängte sich die Frage auf, ob den Fischer diese Wunde wohl störe. Die Fischer schauen immer aufs Wasser, sie interessieren sich wenig für das, was an der Küste passiert.

Dann gingen sie von Bord. Alle in identischen Pullovern. Ernst. Sie kletterten die Felsen hinauf. Dort entrollten sie das Transparent. Niemand konnte es sehen, sie waren allein. DIESE INSEL GEHÖRT UNS, besagte die Aufschrift. Ein Zeichen in der Einöde. Alle lächelten, einer von ihnen hob die Hand. Dann verharrten sie dort, wartend, ohne zu wissen, was sie tun sollten.

Ein englischer Investor will auf Meganisi zwanzig exklusive Villen bauen. Ein »Verbrechen am Mittelmeer«, das bisher im Ausheben einer sinnlosen Straße besteht. Die Besatzung der kulturellen und wissenschaftlichen Expedition *Progetto Mediterranea* hat 2014 die Insel symbolisch besetzt und ein langes Protestband befestigt: THIS ISLAND IS OURS, um damit den Wert und den Gemeinbesitz der Küsten- und Inselgebiete des Mittelmeers zu unterstreichen. *Progetto Mediterranea* hat gemeinsam mit anderen die Idee lanciert, das Mittelmeer zum Weltkulturerbe zu erklären, um es so vor wilder Spekulation und Verschmutzung zu schützen.

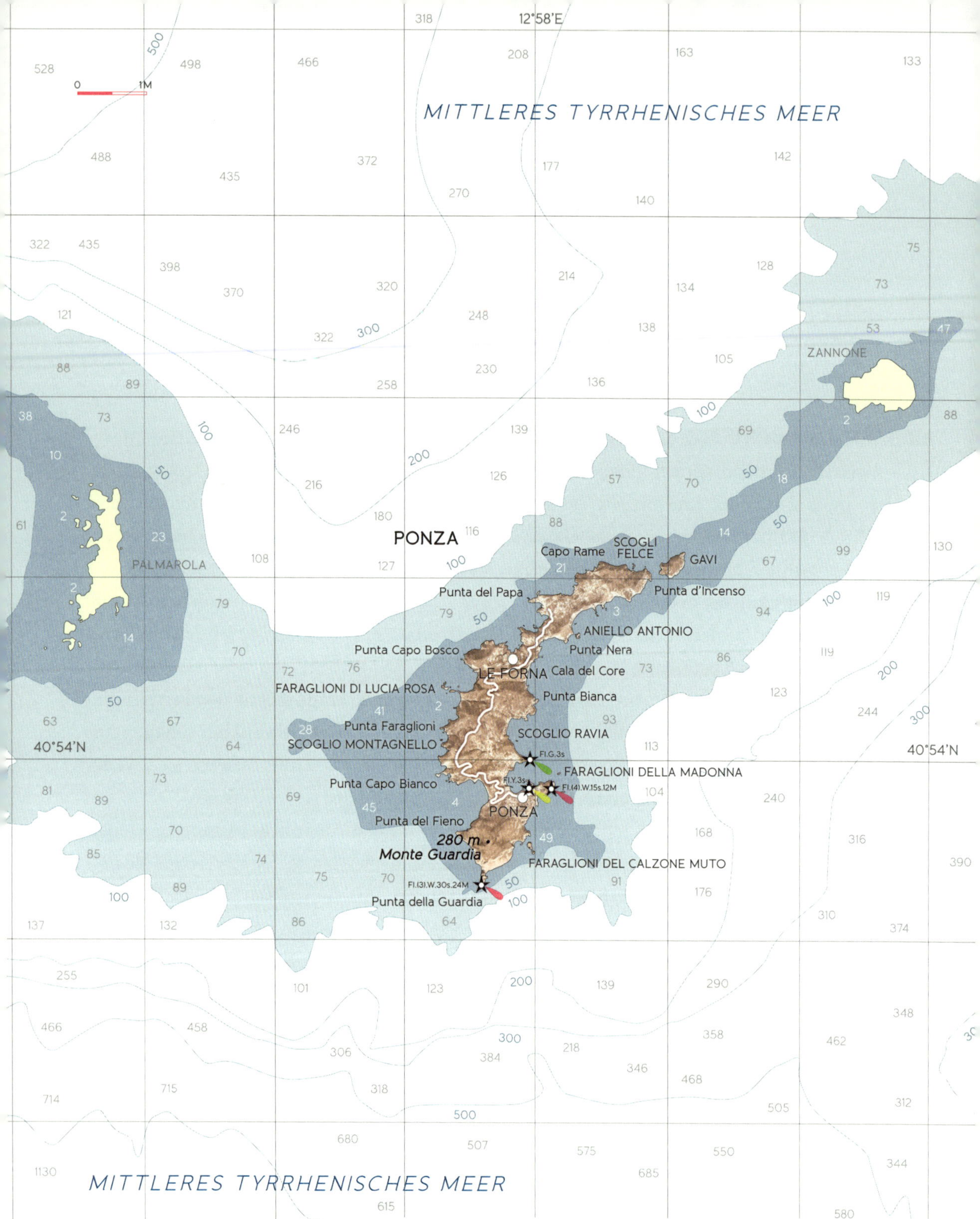

Beschreibung: Sie ist die größte der Pontinischen Inseln, auch Ponza-Inseln genannt. Von der Form eines Richtung Nordwest schießenden Bogens oder einer nach Südost geöffneten Klammer. Schmal und lang, ziemlich zerklüftet, im Wesentlichen dreifarbig: ocker, schwarz und weiß. **Fläche:** 7,5 km², beinahe komplett hügelig, mit drei größeren Erhebungen. Der Monte Guardia erreicht beinahe eine Höhe von 300 m ü. d. M. **Einwohner:** etwas mehr als 3.000, ungefähr seit der Jungsteinzeit. Doch Bürger der Insel ist jeder, der in seiner Jugend einmal dort war. **Bevölkerungsdichte:** 400/km². Doch die gefühlte ist sehr viel höher. **Klima:** Starke Verliebtheit, tragische Gleichgültigkeit.

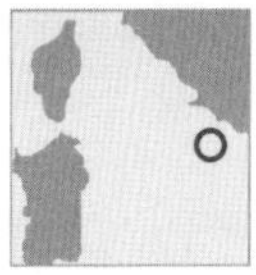

Tyrrhenisches Meer

PONZA

40°54’17”N • 12°57’14”O

NACH PONZA FÄHRT MAN in der Jugend, wenn man noch mit einem Augenzwinkern betrübt sein kann. Hinzufahren ähnelt einer Initiation, eine Geste voller Lebenskraft, weil sie ein Lebensalter betrifft, das andere schon oder noch streift, doch alle in sich birgt.

Man kommt immer morgens auf der Insel an, durch die Schlamperei im Festlandhafen bereits mit Verspätung. Oben, auf der Höhe des Dorfes, trinkt man gedankenlos einen Kaffee: Niemand kann je im Vorhinein den Tag und die Stunde benennen, die dazu bestimmt sind, in unser Gemüt einzudringen. Dann spürt man eine leichte Unruhe, hat es eilig, sich von den lärmenden Sträßchen woandershin zu bewegen, an einen noch unbekannten Ort. Von unten hebt man das Kinn, von oben schaut man nach unten, man schießt Fotos, die später wehtun werden. Wer entscheidet, bis zur Bucht hinunterzusteigen, tut das selten auf eigene Verantwortung. Man schaut sich um, alle steigen hinunter … auch wenn die Wirkung nicht auf alle die gleiche ist. Unten angekommen, setzt man zu einem letzten Sprung an und versenkt die Füße im hellen Sand, spürt die leichte Salzkruste, die durch die nächtliche Feuchtigkeit entstanden ist, zwischen den Zehen. Wunderbarerweise, allwissenderweise, lächelt das Meer.

Von diesem Augenblick an ist alles eine einzige Reihe von Fehlern und kopflosen Gesten. Wer hierherkommt, spielt mit dem Feuer, ohne die Flammen züngeln zu sehen, und jeder Sprung ins Wasser ist eine unterdrückte Feuersbrunst, ein warnendes Rauchzeichen. Es wird nach und nach in einer Handvoll Wasser ersticken, doch nicht hier, nicht heute, weil die schicksalhafte Insel den Tag des Anfangs stets von dem des Endes trennt.

Einige wählen die Meerseite des Strandes, andere die Landseite. Schon darin zeigt sich das Mysterium. Von diesen durch Zufall gewählten Orten bewegt sich keiner mehr fort, auch wenn man dem Zufall, dem Schicksal, stets mit Vorsicht begegnen sollte. Es werden Monate vergehen, Jahre, aber das Auge wird tausendfach in diesen Winkel zurückkehren, so wie die Körper, wie die Seelen, welche Bucht es auch sei. Für die, die das Meer wählen, vergeht der Tag mit Lärm und Geplantsche oder aber in unvorstellbarem Schweigen: die unschlagbaren Indikatoren der Gefühle. Für alle jedenfalls spielt eine langsame Musik in der Leere des Herzens, ein singender Chor ohne Münder, während die Ohren vom Hören abgelenkt werden durch den fernen, unerschöpflichen Dialog der Wellen.

Auf und nieder. Ein Ball. Der Sand in einem Latschen, ein zu diesem Fleckchen Erde geflüstertes Wort, ein glänzender Reflex, der sich einprägt, Schatten, Durst, Streicheln, Angst, Verlassenwerden, Einsamkeit, Hunger. Den ganzen Tag, an all jenen Tagen, regnet das Geheimnis der Zeichen auf diese Insel herab. Nichts als Zweifel: An wen war dieser Satz, an diesem Strand, bei diesem Licht, auf jene Weise ausgesprochen, gerichtet?

Auf der Insel Ponza hat man stets das Gefühl, alleine zu sein, selbst in der Menge. Man ist beziehungslos, weil die, die hier wohnen, immer nur Gast sind, und die, die hier vorüberkommen, sich einnisten wie ein Gedanke, der anklopft, wabert und verschwindet. Das liegt im Übrigen nicht nur daran, dass es eine Insel ist: Ponza ist eine der Sieben Pforten. Viele halten das für ein Trugbild und jubilieren, wenn ein Druckabfall eine neuerliche Handvoll Sand verteilt, die alles verschlingt, und die Bucht oder die leicht ansteigende Straße mit dem Meer im Rücken verlassen wirken lässt. Die Türen der Sieben Pforten schließen sich nie, doch sie verschwinden. Es ist möglich, ihre Abwesenheit neben sich zu fühlen, man könnte schwören, die Gegenwart von etwas zu spüren, aber wenn man sich umdreht, ist nichts zu sehen, doch dann taucht es wieder auf, man muss nur warten, nach einer Zeitspanne, die man nicht zu fassen vermag. Auf Ponza erweist sich die Tendenz des Mittelmeers zu Illusionen und Trugbildern. Oder vielleicht ist es auch ein Scheidepunkt, die Metapher von Ende und Anfang, der echte Zweifel, der alle zwischen Wasser und Inselgrund befällt. Es wird die Angst sein, die das Meer verbreitet, wenn es den weißen Flügel der westlichen Sandbank verschlingt.

Wer hierherkommt, spielt mit dem Feuer, ohne die Flammen züngeln zu sehen, und jeder Sprung ins Wasser ist eine unterdrückte Feuersbrunst.

Es ist unvermeidlich, dass in ihren Buchten Dinge geschehen, die für immer bleiben. Unter der Sonne verschmiert alles, die Brüche öffnen dem Geist weite Räume.

Es sind wenige Meter, die man hüpfend auf brennenden Fußsohlen zurücklegen muss, bis zu einem Strandkiosk, wo üblicherweise intensive Küsse ausgetauscht werden. Der ein oder andere behauptet sogar, man habe sich schon von Weitem gesehen. »Der, der da grade auf uns zukommt, ist der Mann meiner Träume.« »Die, die sich grade hinlegt, ist die Frau meines Lebens.«

Solcherlei Gedanken bestimmen die Gemüter all jener, die nach Ponza kommen, ob es ihnen gefällt oder nicht. Dass die einen nicht dazu in der Lage sind, es zu denken, die anderen nicht, es in Worte zu fassen, und wiederum andere es nicht zu erkennen vermögen, ist kein alleiniges Phänomen dieses Orts: Das gilt allgemein, für alles. Man hört viele Geschichten, weiß, dass sie nichts sind im Vergleich zur Wirklichkeit, niemandem gelingt es, ein Ereignis gänzlich zu verstehen … und dann nennen wir das Wasser, das an den Strand schwappt, unbegreiflich, als wäre dies das Geheimnis und nicht wir! Keine andere Geschichte ist mit diesen vergleichbar. Darum ist es übrigens nötig, auf eine Insel zu fahren: um wenigstens ein kleines Stück vom Wesentlichen zu berühren, das in seiner Gesamtheit unbegreiflich ist.

Dann löst sich alles auf. Jemand folgt der Spur eines Skarabäus, kaum sichtbar auf dem trockenen Sand, und man weiß nicht, wohin sie führt. Ein Mädchen dreht sich um und ist keine mehr von uns. Eine Gruppe Jugendlicher verschwindet in den Wellen eines Sturms. Es gibt auch Menschen, die sich bewusst entscheiden fortzugehen. Das sind die meisten. Sie wechseln den Strand, wechseln die Insel, beschließen sich zu trennen. Sie werden andere Menschen treffen. Anderen Brandungen lauschen. Man wird nichts mehr von ihnen erfahren. Sie hören auf, gesehen zu werden und zu sehen. Sie hören auf zu existieren, weil sie sich ablenken lassen, sie denken nicht mehr an die Insel, an diesen Tag, an diese Minute, als sie diese Szenerie gesehen haben. Hier ist Vorsicht geboten: Der Augenblick, aus dem es kein Entrinnen gibt – ich denke, das ist allen klar –, heißt *vergessen*.

Bei manchen liegen die Dinge anders. Sie sind nicht verschwunden. Man sieht sie, vielleicht zehn Minuten lang, an stürmischen Tagen, während sie auf dem Zaun des Cafés sitzen und sich ein T-Shirt überstreifen. Es sind üblicherweise die Septembertage, wenn wir unsere Ernüchterung aufs Klima schieben.

Von Ponza, von diesem Strand, beschließt man fortzugehen, das ist eine Tatsache. Das sollte jeder im Gedächtnis behalten, die Verantwortung dafür übernehmen. Ich bin häufig hierher zurückgekommen. Ich glaube kein einziges Wort von dem, was man mir sagt. Es ist mir egal. Ich erwarte, sie alle hier zu treffen, jeden Einzelnen, und ich hoffe wirklich, dass sie zurückkommen. Ich verachte die, die es nicht tun, und ich erinnere mich an jeden von ihnen. Schau, hier kommt June. Sie sieht genauso aus wie damals. Ich weiß, dass sie nicht mit diesem Typen gegangen ist. Wer weiß, wohin es den Kerl verschlagen hat. Von uns, uns allen, von diesem Strand aus gesehen, sind alle weggegangen; es wäre möglich gewesen zu überleben. Schade.

Ponza, die einsam im offenen Meer liegt, erlitt 1552 den schlimmsten Überfall durch den schrecklichen Turgut Reis. Seit den Zeiten der alten Römer wurde sie als Ort der Verbannung und für politische Gefangene genutzt. Dort wurden Patrioten und Irredentisten inhaftiert, von Carlo Pisacane bis Giorgio Amendola, von Sandro Pertini bis hin zu Benito Mussolini selbst, der hier, wenngleich nur wenige Tage, im Juli 1943 gefangen gehalten wurde. Von Ponza aus stachen die Kolonisatoren von Jazīrat Jāliṭah in See.

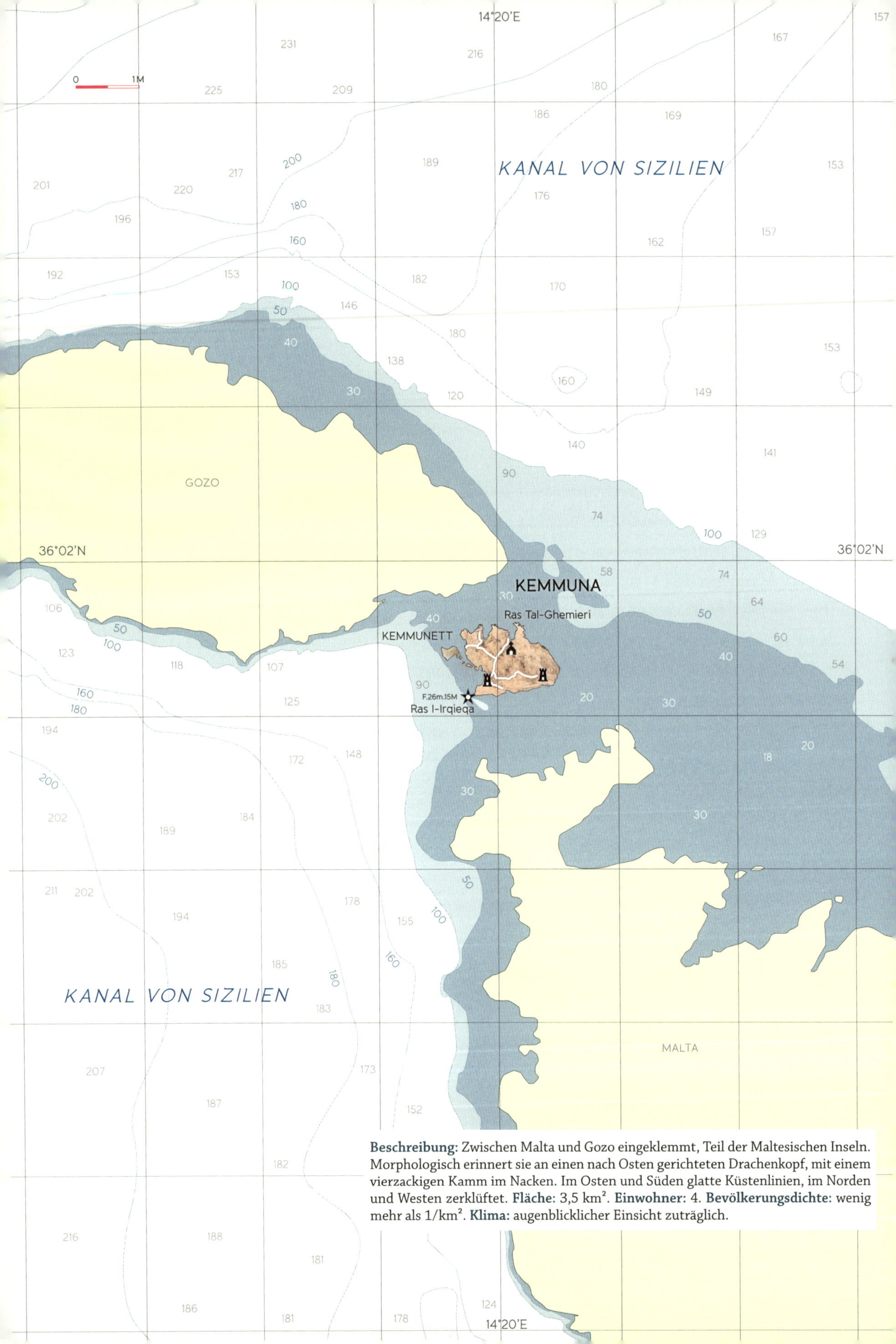

Beschreibung: Zwischen Malta und Gozo eingeklemmt, Teil der Maltesischen Inseln. Morphologisch erinnert sie an einen nach Osten gerichteten Drachenkopf, mit einem vierzackigen Kamm im Nacken. Im Osten und Süden glatte Küstenlinien, im Norden und Westen zerklüftet. **Fläche:** 3,5 km². **Einwohner:** 4. **Bevölkerungsdichte:** wenig mehr als 1/km². **Klima:** augenblicklicher Einsicht zuträglich.

Kanal von Sizilien

KEMMUNA

36°00'41"N • 14°20'12"O

BEIM UMHERSTREIFEN auf den Inseln werdet ihr schließlich verloren haben, was nötig war, gesucht haben, was ihr zu findet hofftet, gesammelt haben, was euch möglich war. Das komplexe Wesen des Windes wird alle Angelpunkte berührt haben; die Sirenen und Zauberer sind ferngeblieben und haben nicht für Zynismus gesorgt; die Monster, von denen man euch erzählte und die ihr fürchtetet, habt ihr nie gesehen; Engel hingegen schon. Götter sind euch auch keine erschienen.

Ihr habt weiße, weitläufige Städte gesehen, die anzusteuern euch unklug erschien; im Frühlingsdunst schwebende Inseln; zufällige Begegnungen in den Herbergen, die das Schicksal euch bot. Und viele Abschiede, die spannendste und schmerzlichste Mitgift. Als Hörige des ständigen Wechsels seid ihr in See gestochen und habt euch mit dem Unsagbaren vertraut gemacht, euch mit der Stille versöhnt. Vor allem seid ihr nicht mehr auf der Suche nach einer Insel der Erlösung oder der Befreiung. Das vermag das Meer: Es nimmt der Mittelmäßigkeit ihre Rechtfertigung. Wer kann, lässt es deshalb hinter sich: um Kythira, die Insel allen Anfangs, zu vergessen, ebenso wie Mortorio, die Insel des Endes. Auf Kemmuna dagegen werdet ihr euch von beiden gleich weit entfernt fühlen. Euch wird noch Zeit bleiben, die Aussichten sind günstig. Wie alle Überlebenden kennt ihr inzwischen das große Geheimnis: Alle Inseln haben einen Zweck, und alle beherbergen Piraten. Der Mensch, der Kapitän seines eigenen Schiffes, kann ohne Reue erinnern und angstfrei in Phantasien schwelgen. Die Schatzinsel gibt es. Ihr Versprechen, das euch vor der Reise unmoralisch schien, lässt sich jetzt halten, genau jetzt, da ihr es vergessen habt. Deshalb werdet ihr euch heute, wenn ihr diesen Atlas zuklappt, so bereit fühlen wie nie zuvor, in See zu stechen.

Der Name leitet sich ab vom maltesischen Wort *kemmuna* (»Kümmel«), auf Italienisch Comino. Tatsächlich verdankt die Insel ihren Namen dem berühmten Gewürz, dem einzigen, das auf diesem rauen, durren, einsamen Stück Erde wächst. Hier verorteten die Römer das ideelle Zentrum des Mittelmeers, und von hier aus benannten sie die Winde auf der Grundlage ihrer Herkunftsländer. Abraham Abulafia, ein von ebenjenen unwirtlichen, aber geistnahen Bedingungen angezogener Eremit, zog sich auf die Insel zurück. Hier schrieb er Ende des 13. Jahrhunderts sein allumfassendes, komplexes und esoterisches Werk *Das Buch der Zeichen*.

»Sie ist auf keiner Karte verzeichnet.
Die wahren Orte sind das nie.«

Herman Melville, Moby Dick

Kleines Segellexikon

Aufschießen
Taue und Schoten in Buchten legen, ein paarmal umwickeln und dann mit einem ganz einfachen Knoten fixieren.

Angiportus (lat.)
Die erste kleine Gasse parallel zum Hafen in Richtung Stadt, häufig in Form einer Galerie. Typisch für mittelalterliche Hafenstädte.

Außenhaut oder Bordwand
Bauliche Einrichtung eines Schiffes, die den Schiffskörper vom Wasser abtrennt. Sie bildet zusammen mit dem Schiffsboden die Schiffshülle.

Abdrift
Seitliches Abtreiben des Schiffes durch die Strömung

Akra (griech.)
Kap, Berg oder Höhenfestung

Auftuchen
Das ordentliche Zusammenlegen und Verschnüren von geborgenen Segeln am Baum

Beiliegen
Zum Verlangsamen und Anhalten in möglichst ruhiger Lage, zum Beispiel um stürmischem Wetter und Seegang zu trotzen oder Arbeiten bei möglichst ruhiger Schiffslage zu erledigen, dreht ein Schiff bei. Ist diese Lage erreicht, spricht man von »Beiliegen«.

Bora
Starker Wind aus Nord oder Nordost, der große Geschwindigkeiten erreichen und mehrere Tage anhalten kann, vor allem in der Gegend der Kvarner Bucht und Julisch Venetien.

Cala (ital., span.)
Kleine Bucht

Einholen
Herunterlassen der Segel

Feluke
Kleines Transportschiff mit meist nur einem, maximal zwei Mastbäumen und Setteesegel, einem Schratsegel, ähnlich dem mediterranen Lateinersegel. Es konnte bis zu zehn Männer insgesamt aufnehmen, Mannschaft und Fahrgäste inklusive.

Fieren
Kontrolliertes Lose-Geben oder Nachlassen einer Leine oder einer Kette. Vor allem benutzt für die Ankerkette oder die Ankertaue.

Flaggschiff
Schiff, auf dem der Kapitän einer Flotte fährt.

Gaffelschiff
Schiff mit trapezförmigem Segel

Gregale
Unregelmäßiger kühler, kräftiger Nordostwind

Harpunendeck
Deck von variabler Größe, das über den Bug hinausragt, von wo aus sich früher der Harpunier herunterbeugte, um beispielsweise Delfine zu jagen.

Jolle
Schlankes, langes Ruder- oder Segelboot

Kamik (kroat.)
Stein, Felsen

Kentern
Umkippen eines Segelschiffes auf die Seite, durch ein Entmasten, ein nicht korrekt ausgeführtes Manöver, eine Welle oder einen Windstoß, die die Mannschaft nicht unter Kontrolle bringen konnte.

Ketsch
Segelschiff mit zwei Masten, von denen der hintere niedriger ist als der vordere.

Kiel
Unterer, im Wasser liegender Teil eines Schiffes. Früher, bei den alten Holzbooten, quadratischer oder rechteckiger Balken vom Bug bis zum Heck.

Klipper
Segelschiff des 19. Jahrhunderts, schlanker und mit größeren Segeln bestückt als jedes Schiff zuvor, dadurch zu für die damalige Zeit unvorstellbaren Geschwindigkeiten in der Lage. Die letzten Fracht- und Passagiersegelschiffe, bevor Dampfschiffe mit einer Kombination aus Segel und Motor aufkamen.

Kombüse
Schiffsküche

Levante
Warmer Wind aus Osten, wo die Sonne »aufsteht«, daher der Name.

Libeccio
Während des ganzen Jahres über Nordkorsika vorherrschender westlicher oder südwestlicher, unregelmäßiger Wind.

Masttopp
Oberes Ende des Mastes. Der untere Teil heißt Untermast.

Meltemi
Nordwind aus der Ägäis, gefürchtet wegen seiner Heftigkeit.

Mistral
Unregelmäßiger Wind aus Nordwest

Ormos (griech.)
Bucht, Ankerplatz

Ostro
Unregelmäßiger Südwind

Pointe (franz.)
Spitze

Poniente
Unregelmäßiger Wind aus Westen (von spanisch poner »setzen«, »stellen«, »legen«, also wo die Sonne untergeht, sich »hinlegt«)

Punta (ital., katal., span.)
Spitze, Landspitze

Ras (arab.)
Kap, Felsvorsprung

Reis
Vom arabischen Raʾīs in den osmanischen Sprachkreis gelangt; Oberhaupt, Kommandant

Rt (kroat.)
Kap, Felsvorsprung

Schiffstyp
Bezeichnet die Anzahl der Masten, ihre Position, die Art der Segel und viele andere Elemente, die in ihrer Gesamtheit die Typologie des Schiffes ausmachen.

Schoner
Segelschiff, das an allen Masten Schratsegel als Hauptsegel führt und dessen vorderster Mast niedriger ist als der hintere. Ursprünglich hatten Schoner nur zwei Masten, später wurden auch welche mit drei und mehr Masten gebaut.

Schot
Seil zum Trimmen der Segel, also zum Einstellen des Winkels der Segel zum Wind

Schute
Schwimmende, meist rechteckige Fläche ohne Motor oder Segel, von anderen Schiffen als Arbeitsfläche mitgeführt. Früher zum Durchwaten von Flüssen oder Kanälen genutzt, in diesem Fall gezogen von Menschen oder Tieren.

Scirocco
Gleichmäßiger Wind aus Südost

Tauwerk
Oberbegriff für alle geschlagenen und geflochtenen Seile aus Natur- und synthetischen Fasern. Heute bezeichnet es hauptsächlich die Seile, mit denen das Schiff an der Mole vertäut wird.

Tartane
Transportschiff für Fracht und Fischerei von maximal zwanzig Meter Länge, mit einem einzigen Mast und Lateinersegel

Trimm
Anpassung der Segelstellung über die Spannung der Schoten an Wind, Kurs und Seegangverhältnisse

Register

ARCHIPELE

INSELN

LISTE DER ORTE UND PERSONEN

Simone Perotti, geboren 1965, ist Schriftsteller und Segler. Er schreibt Romane und Essays und hat in Italien zahlreiche Bücher publiziert. Seit 2014 ist er mit einem Segelschiff im Mittelmeerraum unterwegs: www.progettomediterranea.com. Der »Atlas der Mittelmeerinseln« ist sein erstes Buch auf Deutsch.

Die italienische Originalausgabe erschien 2017 unter dem Titel *Atlante delle isole del Mediterraneo* bei Bompiani in Mailand.

Es war der Anspruch von Autor und Verlag, diesen Band für ein größeres Publikum zu illustrieren, das möglicherweise nicht mit der Seefahrt vertraut ist. Daher können die speziell gestalteten und hier veröffentlichten Karten nicht als offizielle Seekarten gelten und sollten nicht zur Navigation benutzt werden.

Da zwischen der größten Insel (Djerba, 514 km^2) und der kleinsten (Alborán, 0,07 km^2) ein beträchtlicher Größenunterschied besteht, erschien es – um eine klare Darstellung auch der weniger weitläufigen Inseln zu geben – angebracht, die Inseln in drei Gruppen einzuteilen.

Die Größeren: Djerba, Kythira, Milos, Kalymnos, Ithaka, Kythnos, Lošinj.

Die Mittleren: Garbi, Agios Efstratios, Gavdos, Kornat, Kyra Panagia, İmralı, Meganisi, Lampedusa, Agathonisi, Montecristo, Jazīrat Jāliṭah, Ponza, Port-Cros, Alimia, Tavolara, Levanzo, Goli Otok, Procida, Kemmuna, Panarea, Palmaria.

Die Kleineren: Isla de las Palomas, Malu Entu, Sweti Iwan, Espardell, Mortorio, Habibas-Inseln, Mezzu Mare, Palagruža, Beresan, Nueva Tabarca, Nelson-Insel, Arwād, If, Alborán.

Die Gruppe der größeren Inseln wurde nach folgendem Maßstab abgebildet: 1 Seemeile entspricht 8,8 mm; bei den mittleren: 1 Seemeile = 12,3 mm; bei den kleineren: 1 Seemeile = 33 mm.

Diese Maßstäbe erlauben es gleichwohl, bestimmte tatsächliche Größenverhältnisse zwischen den verschiedenen Inseln beizubehalten, sodass zum Beispiel die größte Insel der mittleren Gruppe (Garbi) weiterhin kleiner dargestellt ist als die kleinste Insel in der Gruppe der größeren (Lošinj).

LEGENDE

Wehrturm oder Festung

Orthodoxe Kirche

Ruine

Katholische Kirche

Moschee

Leuchtturm

Lizenzausgabe für die Büchergilde Gutenberg Verlagsges. mbH, Frankfurt am Main, Zürich, Wien. www.buechergilde.de. Mit freundlicher Genehmigung des Verlags Klaus Wagenbach, Berlin.

Gesetzt aus der Chaparral Pro und der BomfieldNew. Gedruckt auf Schleipen Fly und gebunden bei der Druckerei Kösel, Krugzell. Printed in Germany.

ISBN 978 3 7632 7075 0

ATLANTIK
LOŠIN
PALMARIA
IF
Golfe du Lion
Ligurisches Meer
PORT-CROS
MONTECRISTO
MEZZU MARE
Korsisches Meer
MORTORIO
PONZA
Tyrrhenisches Meer
TAVOLARA
PROCIDA
Balearen-Meer
Sardisches Meer
MALU ENTU
ESPARDELL
NUEVA TABARCA
LEVANZO
Kanal von Sardinien
JAZĪRAT JĀLIṬAH
Kanal von Sizilien
Alborán-Meer
ISLA DE LAS PALOMAS
ALBORÁN
HABIBAS-INSELN
KEMMUN
LAMPEDUSA
GARBI
DJERBA